Lernen mit Projekten

In der Gruppe planen, durchführen, präsentieren

Verlag an der Ruhr

Titel: **Lernen mit Projekten**
In der Gruppe planen, durchführen, präsentieren

Autorin: Kerstin Klein

Coverfoto: www.photodesign-ott.de

Illustrationen: Magnus Siemens

Fotos ©: S. 11 (Thomas Max Müller/pixelio.de), S. 93 (S. Hofschlaeger/pixelio.de),
S. 121 (Paul-Georg Meister/pixelio.de),
S. 29, S. 47, Martin Hartmannsgruber; S. 26, Kerstin Weil; S. 31, Corina
Wiesner; S. 33, Katerina Kurek; S. 36, Frank Reimann; S. 39, Sabrina
Kästner; S. 41, Diana Retzbuch; S. 43, Nina Radke; S. 63, Hanns-Jürgen
Peters; alle anderen Fotos: Kerstin Klein

Druck: Druckerei Uwe Nolte, Iserlohn

Verlag: Verlag an der Ruhr
Alexanderstraße 54 – 45472 Mülheim an der Ruhr
Postfach 10 22 51 – 45422 Mülheim an der Ruhr
Tel.: 0208/4395450 – Fax: 0208/43954239
E-Mail: info@verlagruhr.de
www.verlagruhr.de

© der deutschen Ausgabe
Verlag an der Ruhr 2008
ISBN 978-3-8346-0440-8

geeignet für
die Klasse   5 6 7 ... 12 13

Wir sind seit 2008 ein ÖKOPROFIT®-Betrieb und setzen uns
damit aktiv für den Umweltschutz ein. Das ÖKOPROFIT®-
Projekt unterstützt Betriebe dabei, die Umwelt durch nach-
haltiges Wirtschaften zu entlasten.

Für meinen Mann, der mich immer wieder
unterstützt und ermutigt.

Wer erfahren hat, wie sehr die Projektarbeit die fachlichen und überfachlichen Kompetenzen unserer Schüler fördert, der weiß, wie wichtig es ist, an unseren Schulen projektorientiert zu arbeiten. Es lohnt sich!

Ich arbeite seit vielen Jahren mit aufgeschlossenen und engagierten Kolleginnen und Kollegen zusammen mit dem gemeinsamen Ziel, die Projektarbeit an den Schulen voranzubringen.
Besonders hervorheben möchte ich Marianne Müller, Conny Packmor und Wolfdieter Grötzinger, mit denen ich bei der Handreichung „So geht's leichter" zusammengearbeitet habe, außerdem Bernd Knödler und Susanne Röder-Wittl, mit denen ich weitere Materialien für die Projektarbeit erstellt habe.
Das Buch wird bereichert und abgerundet durch die Projektbeschreibungen junger Lehrerinnen und Lehrer, die ich als Lehramtsanwärter in ihrer Ausbildung begleitet habe. Sie haben ganz unterschiedliche beeindruckende Projekte durchgeführt.

Allen möchte ich ganz herzlich danken!

Wenn Sie mit der Arbeit in Projekten bereits vertraut sind, kann Ihnen dieses Buch weitere Impulse geben. Wenn Sie noch unerfahren sind, wird es Ihnen den Einstieg erleichtern. Sie lernen wichtige Grundlagen kennen, bekommen Anregungen durch die Beispiele und erfahren, wie Sie vorgehen können.
Fangen Sie mit kleinen, projektorientierten Vorhaben an. Sie werden erleben, wie motiviert und engagiert Schüler bei der Sache sein können.

Ein kurzer Hinweis zu den Vorlagen auf CD, die Ihnen die Projektarbeit erleichtern können: Wenn Sie diese ausdrucken, wird eine Meldung erscheinen, dass die Ränder außerhalb des bedruckbaren Bereiches liegen. Bitte lassen Sie sich davon nicht irritieren, die Ausdrucke sind dennoch komplett und einwandfrei.

Ich wünsche Ihnen viel Erfolg!

⊘ Einleitung

Verstärkt begegnen uns in den letzten Jahren Projekte: in der Wirtschaft, im sozialen Bereich und nicht zuletzt in der Schule. Projekte sind eine Form des offenen Unterrichts und aus dem schulischen Bereich inzwischen nicht mehr wegzudenken. Man hat erkannt, dass diese Arbeitsform den Erwerb von Schlüsselqualifikationen fördert und damit die Berufsfähigkeit unserer Schüler[1] verbessert.

Projekte haben eine besondere Anziehungskraft, denn bei Projektarbeit geht es meist um etwas Neues, Innovatives und damit Herausforderndes. Wenn man Schülern eröffnet, dass man mit ihnen ein Projekt durchführen möchte, stößt man in der Regel auf freudige Zustimmung. Oft verbinden sie damit den Gedanken an Selbst- und Mitbestimmung, mehr Freiräume, gemeinsames und handlungsorientiertes Arbeiten.

Die Projektarbeit bietet ihnen eine willkommene Abwechslung zum sonstigen Unterricht, denn sie können vielfältige Talente einbringen und Fähigkeiten entwickeln, die über das hinausgehen, was im Fachunterricht zum Tragen kommt.

Die Jugendlichen sind heute anders als noch vor 30 Jahren, denn die gesellschaftlichen Rahmenbedingungen, unter denen sie aufwachsen, haben sich verändert. Im Folgenden werden einige wichtige Aspekte aufgezeigt, die sich auf die Arbeit in der Schule auswirken.[2]

→ Es gibt heute ein breites Spektrum an Familienstrukturen. Neben den traditionellen Familien, in denen die Eltern mit einem oder mehreren Kindern zusammenleben, gibt es Kleinfamilien, in denen Kinder mit nur einem Elternteil aufwachsen. Hinzu kommen so genannte „Patchwork"-Familien, in denen Kinder mit unterschiedlichen, häufig auch wechselnden Bezugspersonen aufwachsen und oft auf sich selbst gestellt sind.

---

[1] Aus Gründen der besseren Lesbarkeit haben wir in diesem Buch durchgehend die männliche Form verwendet. Natürlich sind damit auch immer Frauen und Mädchen gemeint, also Lehrerinnen, Schülerinnen etc.

[2] Informationen nach: Hauck-Bühler, Birgit: Kindheit und Jugend heute
In: Leitfaden Schulpraxis S. 432 ff.

→ Verändert hat sich das **Verhalten der Erzieher**. *„An die Stelle bestimmenden, anweisenden Erziehungsverhaltens ist das Aushandeln von Modalitäten des Zusammenlebens getreten."*[3] Den Jugendlichen wird heute mehr Freiraum zugestanden, was in manchen Fällen allerdings auch zur Vernachlässigung führt.

→ Die umfangreichen **Medienangebote** werden von Kindern und Jugendlichen intensiv genutzt und sind aus ihrem täglichen Leben kaum noch wegzudenken. Sie bieten ihnen Unterhaltung, Spannung und Abwechslung. Im Umgang mit modernen Medien sind Jugendliche vielen Erwachsenen überlegen.

→ Jugendliche spielen heute als **Konsumenten** eine wichtige Rolle und werden entsprechend umworben. Ein ausgeprägtes Markenbewusstsein und teure Handys belasten nicht nur den Familienhaushalt: Als Statussymbole beeinflussen sie die Cliquenbildung und die „Hackordnung" und erschweren damit kooperatives Lernen und Arbeiten.

Diese Veränderungen haben vielfältige Auswirkungen, negative wie positive.

Es wird häufig geklagt, dass viele der heutigen Jugendlichen
→ Probleme damit haben, mit anderen zusammen zu arbeiten,
→ nicht bereit sind, Verantwortung zu übernehmen,
→ sich schlecht konzentrieren können,
→ überzogen individualistisch und egoistisch sind.

Vergessen werden dabei oft die positiven Auswirkungen, denn viele Jugendliche sind nach meiner Erfahrung
→ schon früh selbstständig und haben eigene Vorstellungen und Ideen,
→ aufgeschlossen für Neues und Spannendes,
→ kompetent im Umgang mit neuen Medien,
→ interessiert an Abwechslung und Aktivität.

Die veränderten Rahmenbedingungen mit ihren negativen und positiven Auswirkungen müssen im Unterricht Berücksichtigung finden.

Er muss Lernenden ermöglichen,
→ ihre eigenen Ideen und Erfahrungen einzubringen,
→ individuelle Lernwege zu beschreiten,

---

[3] *Informationen nach: Hauck-Bühler, Birgit: Kindheit und Jugend heute
In: Leitfaden Schulpraxis S. 432 ff.*

→ soziale Kompetenzen zu erwerben,
→ selbstständig zu arbeiten,
→ Verantwortung zu übernehmen.

Die Arbeit in Projekten bietet dafür vielfältige Betätigungsfelder.

Kinder und Jugendliche von heute möchten selbst tätig werden. Sie wollen, wie Anne Sliwka schreibt, das Leben *„nicht nur erforschen, sie möchten es gestalten."* Dazu können die Schulen einen wichtigen Beitrag leisten als *„Orte der Erforschung und Gestaltung des Lebens. Das ist kein einfacher Weg – aber der einzige, der uns in die Zukunft führt."* [4]

---

[4] *Sliwka, Anne: Methodenmanual S. 23*

„Der Weg ist krumm und steinig,
doch das Ziel ist verlockend"
Anne Sliwka

1

Was ist eigentlich
ein Projekt?

Blick in die Geschichte

Der Begriff „Projekt" taucht zum ersten Mal Ende des 16. Jahrhunderts an den Architekturschulen in Italien auf und verbreitet sich von dort über Frankreich und die Schweiz nach Nordamerika. Man wollte durch eine stärkere Verzahnung von Theorie und Praxis die Architekturstudenten besser auf ihre zukünftige Tätigkeit vorbereiten. Nach dem Erwerb der Fachkompetenz in den unteren Semestern sollten sie in den höheren Semestern zeigen, dass sie in der Lage waren, die erworbenen Kenntnisse umzusetzen.
Sie hatten die Aufgabe, in Zusammenarbeit mit anderen möglichst originelle Entwürfe, so genannte „progatti", z.B. für Brunnen, Häuser, Pavillons und Kirchen, zu erstellen.

Der Projektgedanke wurde im 19. Jahrhundert von den amerikanischen Reformpädagogen aufgegriffen und durch Calvin M. Woodward (1837–1915) von der Hochschule auf die Schule übertragen. Woodward ging vom Werkunterricht aus und hielt eine handwerklich-technische Grundbildung für unbedingt erforderlich. Erst nach Erwerb dieser Grundbildung waren die Schüler seiner Meinung nach in der Lage, diese Grundlagen als Vorbereitung auf die Lebens- und Berufswelt kreativ und selbstständig in Projekte umzusetzen. Erst dann könne sich der Lehrer während des Projekts zurücknehmen und sich auf seine Berater- und Beobachterrolle konzentrieren. Woodward ist damit ein Vertreter des linearen Modells[5], an dem allerdings von vielen Seiten Kritik geäußert wurde.

Diese Position wird bis heute oftmals im Bereich des technischen Werkens vertreten, vor allem bezüglich der Grundkenntnisse der Schüler im fachlichen Bereich. Das bedeutet allerdings, dass mit der Projektarbeit erst in den höheren Klassen begonnen werden kann. Doch sollten auch bei jüngeren Schülern nicht nur fachliche, sondern auch überfachliche Kompetenzen intensiv gefördert werden.

So entwickelte eine Gegenbewegung mit dem amerikanischen Pädagogen Charles R. Richards das integrative Modell[6]. Seiner Auffassung nach sollten die notwendigen Lehrgänge und Übungen in das Projekt integriert werden. Der Lehrer hat die Aufgabe, die Schüler anzuleiten. Wichtig ist für ihn allerdings, dass die Schüler von Anfang an möglichst viel mitbestimmen können.

---

[5] *Apel/Knoll S. 21 ff.*
[6] *Apel/Knoll S.26 ff.*

Für **William H. Kilpatrick** (1871–1965) ist ein Projekt *„aus ganzem Herzen gewolltes, von einer Absicht erfülltes Handeln, das sich in einer sozialen Umgebung vollzieht".*[7] Die Schülerorientierung steht für ihn im Mittelpunkt. Seiner Meinung nach wird nur das gelernt, was einen Bezug zum eigenen Leben hat. Ein wichtiges Ziel ist für ihn die Erziehung zu demokratischem Handeln. Das erfordert die Bereitschaft, Verantwortung zu übernehmen und aufeinander Rücksicht zu nehmen, sowie ein hohes Maß an Selbstständigkeit.

Kilpatrick arbeitete eng mit **John Dewey** (1859–1952) zusammen. Für Dewey ist die Problemorientierung eine wesentliche Grundlage für die Entwicklung der Persönlichkeit der Lernenden. Dazu gehört das Lernen an realen Gegebenheiten. Planvoll zu handeln und dabei selbst Erfahrungen zu machen, ist für ihn die Voraussetzung für Erkenntnisgewinn.

„Zusammenfassend kann festgehalten werden, dass ein Projekt im Sinne von Dewey und Kilpatrick immer als **planvolles Handeln** *stattfindet, getragen von persönlichem Antrieb und eingebunden in ein soziales Milieu (auch außerschulisch)."* Den Sinn eines solchen Arbeitens schaffen sich die Schüler mit dem Auswählen eigener Aufgaben selbst. *„Das beabsichtigte Erziehungsziel ist dabei die* **Mündigkeit des Lernenden in demokratischen Strukturen und die Entwicklung der Persönlichkeit.**"[8]

Grundlegende Elemente des Projektgedankens vor allem von Dewey und Kilpatrick fanden Eingang in die **deutsche Reformpädagogik** in den 20er-Jahren des 20. Jahrhunderts. Allerdings wurde der demokratische Gedanke weitgehend vernachlässigt. Während des Nationalsozialismus wurden diese Ansätze weitestgehend zerstört.

Wieder aufgegriffen wurde der Projektgedanke in Deutschland erst in den **60er/70er-Jahren** mit der grundlegenden Kritik am traditionellen Schulsystem. Allerdings wird der Projektgedanke bis heute immer wieder verwässert. Man denke an die **so genannten Projektwochen**, die an etlichen Schulen seit den 80er-Jahren in der letzten Woche vor den Sommerferien durchgeführt werden und mit Angeboten von Seiten der Lehrer gestaltet werden. Zwar können die Schüler aus den Vorschlägen auswählen, sie haben allerdings selten Einfluss auf den Verlauf. So positiv diese Angebote zu sehen sind, es sind keine Projekte im eigentlichen Sinn.

---

[7] *Dewey/Kilpatrick S. 162*
[8] *http://methodenpool.uni-koeln.de/projekt/projekt_begruendung.html*

Seit einigen Jahren hält der Projektgedanke verstärkt Einzug in den Schulen. In Baden-Württemberg gibt es z.B. mittlerweile an der Realschule die Themenorientierten Projekte. Dazu gehören Technisches Arbeiten (TOP TA), Soziales Engagement (TOP SE), Wirtschaften, Verwalten und Recht (TOP WVR) und Berufsorientierung an Realschulen (TOP BORS). In den Leitgedanken zum Kompetenzerwerb heißt es im Bildungsplan u.a.:

„Kern der Themenorientierten Projekte ist die Prozessorientierung, d.h. Schülerinnen und Schüler werden in den Unterrichtsprozess eingebunden. Planung, Durchführung, Präsentation und Reflexion sind nicht nur Mittel, sondern auch Ziel der Arbeit. Das projektorientierte Arbeiten führt zum Erwerb von Handlungskompetenzen und dient der Persönlichkeitsentwicklung im Hinblick auf die Herausforderungen einer sich ständig verändernden Welt." [9]

In einigen Bundesländern gibt es inzwischen eine Projektprüfung als Teil von schulischen Abschlussprüfungen. Das bestätigt die Bedeutung dieser Arbeitsform für die Ausbildung junger Menschen.

Projektbegriff in Wirtschaft und Pädagogik

Der Begriff Projekt ist – wie schon dargestellt – nicht einheitlich definiert. Es wird nicht nur unterschieden zwischen einem Projekt in der Wirtschaft und einem pädagogischen Projekt, sondern auch in der Pädagogik gibt es unterschiedliche Auffassungen, was darunter zu verstehen ist. Das spiegelt sich auch in der Begrifflichkeit wider.

Grundsätzlich ist ein Projekt ein Vorhaben, das von einer Projektgruppe durchgeführt wird. Projektarbeit ist also die aktive Beschäftigung mit dem Vorhaben, die das Projektlernen in den vier Kompetenzbereichen Fach-, Methoden-, Sozial- und Personalkompetenz einschließt.

Ein Begriff, den man eher als widersprüchlich betrachten kann, ist Projektunterricht. Mit „Unterricht" wird eigentlich das systematisch organisierte Lernen bezeichnet, von dem sich das Arbeiten in Projekten jedoch abhebt.

---

[9] *Bildungsplan 2004 S. 174*

Allerdings wird dieser Begriff in der pädagogischen Literatur häufig verwendet, dann eher in der Bedeutung von **Projektlernen**.

Karl Frey, Professor für Pädagogik in Kiel und anschließend in Zürich, verwendet den Begriff **Projektmethode**. Sie ist für ihn *„eine der attraktivsten Unterrichtsformen"*, weil sie den Schülern ermöglicht, selbstständig zu arbeiten, zu kooperieren, Kritik zu üben und sich Fachwissen anzueignen. Sie entwickeln Vorschläge, die sie in der Gruppe abstimmen, und setzen sich selbst die Ziele, die sie erreichen möchten. Sie planen ihr Vorhaben und führen es durch.
„Die Beteiligten lernen dabei, realistische Ziele zu setzen, mit der Zeit umzugehen, Probleme arbeitsteilig anzupacken und ein Vorhaben zu Ende zu bringen." [10]

Für ein Projekt in der Wirtschaft gibt es eine **Projekt-Definition nach DIN 69901**:

„Ein Projekt ist ein Vorhaben, das im Wesentlichen durch **Einmaligkeit der Bedingungen** in ihrer Ganzheit gekennzeichnet ist, wie z.B.:
→ eindeutige Zielvorgabe,
→ zeitliche, finanzielle, personelle oder andere Begrenzungen,
→ Abgrenzungen gegenüber anderen Vorhaben,
→ projektspezifische Organisation."

Diese Merkmale gelten im Wesentlichen auch für ein schulisches Projekt, das durch die **„Einmaligkeit der Bedingungen in ihrer Ganzheit"** gekennzeichnet ist. Auch ein Projektthema, das bereits bearbeitet wurde, wird mit einer neuen Gruppe anders ablaufen und zu anderen Ergebnissen und Erkenntnissen führen.

→ Ein **wesentlicher Unterschied** zum Projekt in der Wirtschaft ist allerdings darin zu sehen, dass bei einem Projekt in der Wirtschaft das Ziel deutlicher vorgegeben ist bzw. ein Projektauftrag erteilt wird, der umzusetzen ist. Dabei kann es sich z.B. um die Entwicklung von Produkten, Verfahrensweisen, Werbestrategien oder Rationalisierungsmaßnahmen handeln. *„Es ist die „ökonomische Situation", die Projektmanagement vom pädagogischen Projektgedanken unterscheidet."*[11]

Der Erfolgsdruck, die finanziellen Ressourcen und damit **marktwirtschaftliche Gesichtspunkte** spielen in der Wirtschaft eine erheblich größere Rolle. Das Scheitern eines Projektes kann für eine Firma erhebliche Probleme mit sich bringen.

---

[10] *Frey, Karl, Arbeitsunterlagen*
[11] *www.sowi-online.de*

→ An einem vorgegebenen **zeitlichen Rahmen** muss sich allerdings auch ein schulisches Projekt orientieren, ebenso an den von der Schule vorgegebenen Organisationsstrukturen.
Auch ein schulisches Projekt ist **finanziellen Begrenzungen** unterworfen, denn Gelder stehen dafür nur in Ausnahmefällen und dann meist nur begrenzt zur Verfügung. Häufig müssen die erforderlichen Materialien von den Projektgruppen selbst beschafft werden. **Personelle und räumliche Begrenzungen** sind die Regel.

→ Eine besondere Rolle spielt die **Abgrenzung** gegenüber dem sonst üblichen Fachunterricht, auch als „Lehrgang" bezeichnet, aber auch gegenüber anderen Projektvorhaben.

→ **Projektmanagement** ist ein Fachbegriff aus der Wirtschaft, bei dem es um die Art der Abwicklung eines Projekts geht. Von dieser **Organisationsform** können die Schulen einiges lernen, denn viele schulische Projekte könnten erheblich effizienter durchgeführt werden.

Projektmanagement ist *„keine komplizierte Wissenschaft"*, sondern *„eine Arbeitsmethode für jedermann, die – richtig angewandt – kreativ, strukturiert, zielorientiert und teambezogen zum erfolgreichen Abschluss eines Vorhabens führt."* [12]

Wenn Sie entsprechend ausgebildet sind, können Ihnen diese Kenntnisse die Projektarbeit mit Schülern erheblich erleichtern.

---

[12] *Sliwka, Anne S. 7*

Merkmale schulischer Projekte

Ein **Projekt mit Schülern** durchzuführen, bedeutet, dass die Schüler eine Projektidee entwickeln, die sie möglichst eigenständig und selbstverantwortlich in Teams bearbeiten. Eine wichtige Rolle spielen dabei die zielgerichtete Planung, die Prozess- und die Produktorientierung.

Oft wird die Projektarbeit auch mit handlungsorientiertem Vorgehen gleichgesetzt. Das aktive Handeln der Lernenden gehört auf jeden Fall dazu, doch ist der Projektgedanke weiter gefasst. Denn ein wichtiges Ziel, das oft aus den Augen verloren wird, ist die Fähigkeit, das gemeinschaftliche Tun zu reflektieren, Erkenntnisse daraus zu gewinnen und **demokratisch zu handeln**.

Von ausschlaggebender Bedeutung für ein schulisches Projekt ist die **Beteiligung der Schüler an der Themenfindung**. Die Themen sollten möglichst **mehrere Fächer** umfassen, und damit können auch mehrere Lehrer beteiligt sein. Wenn das Thema vom Lehrer vorgegeben wird, sollten die Schüler zumindest eigene Arbeitsschwerpunkte bzw. Teilprojekte festlegen und im Team selbstständig Lösungsstrategien entwickeln.
Entsprechend ihrem Alter bzw. ihrer Projekterfahrung kann man den Schülern Freiraum für eigenständiges Arbeiten geben, z.B. bei der Beschaffung der Materialien, der Wahl der Arbeitsmethoden und der Gruppenbildung.

🌀 Reduktionsstufen

Wenn man in der Schule von **Projekten**[13] spricht, handelt es sich in den meisten Fällen um Reduktionsstufen. Das bedeutet, dass man eher von **projektorientiertem Arbeiten** sprechen kann, denn nur in Ausnahmefällen werden alle Kriterien eines Projektes erfüllt.

Eine hilfreiche Unterstützung bei diesen Überlegungen bietet die folgende Übersicht, die in Anlehnung an eine Seite des Bildungsservers Rheinland-Pfalz erstellt wurde. Bei den aufgeführten Kriterien geht es im Wesentlichen um die Projektorganisation.

---

[13] *Wenn in diesem Buch von Projekten gesprochen wird,
ist auch das projektorientierte Arbeiten gemeint.*

Reduktionsstufen – Projekt oder kein Projekt?[14]

	Projekt	Reduktionsstufe	kein Projekt
Thema	Schüler legen das Thema selbst fest	Lehrer legt das Thema fest, Schüler wählen ihre Arbeitsschwerpunkte	Lehrer legt Thema und Arbeitsschwerpunkte fest
Materialien/ Informationen	Schüler beschaffen Materialien/ Informationen selbst	Schüler und Lehrer beschaffen zusammen das Material	Lehrer stellt das Material zur Verfügung
Arbeitsziele	Schüler formulieren Problem und Ziele selbstständig	Schüler und Lehrer legen gemeinsam die Ziele fest	Ziele werden vom Lehrer gesetzt
Arbeitsschritte	Schüler legen die Arbeitsschritte selbstständig fest	Arbeitsschritte werden teilweise durch den Lehrer vorgegeben	Lehrer schreibt die Arbeitsschritte vor
Arbeitsgruppen	heterogene Gruppen, freie Wahl nach Interessen	homogene Gruppen nach persönlicher Zuneigung	Lehrer legt die Gruppen fest
Schülerrolle	selbstständig, aktiv planend und durchführend	mitbestimmend, teilweise selbstständig, aktiv	Schüler hat nur geringen Gestaltungsspielraum
Lehrerrolle	Moderator, Ansprechpartner, Beobachter	Lehrer koordiniert, macht Vorschläge und gibt Hinweise	Lehrer gibt verbindliche Empfehlungen
Fächerbezug	mehrere Fächer, ggf. mehrere Lehrer beteiligt	fachbezogen mit Ausblick auf andere Fächer	eng fachspezifisch

Wenn Sie mit Ihren Schülern ein Projekt durchgeführt haben, sollten Sie reflektieren, inwieweit Sie den Schülern Freiraum für eigenständiges Arbeiten gegeben haben. Vielleicht kommen Sie zu der Erkenntnis, dass Sie ihnen bei einem weiteren Projekt doch mehr Selbstständigkeit zutrauen können.

---

[14] *Informationen nach: http://mnsp.bildung-rp.de/alt/materialienprojektarbeit.html*

Projektverlauf: Phasenmodelle

Um die Arbeitsschritte im Verlauf eines Projektes zu verdeutlichen, gibt es verschiedene Modelle. Sie untergliedern den Verlauf in eine unterschiedliche Anzahl von Phasen oder Komponenten. Hier werden drei Beispiele vorgestellt, die das von mir entwickelte und in diesem Buch vorgestellte Vier-Stufen-Modell beeinflusst haben.

◎ Allgemeines Phasenmodell aus der Wirtschaft

Definition	Problemanalyse Zielklärung Grobplanung Prüfung der Durchführbarkeit Projektauftrag

Planung	Definition der Arbeitspakete Teambildung Ablauf-, Termin- und Kostenplanung Klärung der Verantwortlichkeiten Risikomanagement

Realisierung	Durchführung der Arbeitspakete Kontrolle des Projektfortschritts Steuerung bei Abweichungen Aktualisierung der Planung

Abschluss	Projektpräsentation Dokumentation des Ergebnisses Evaluation Implementierung

◉ „Die Projektmethode" von Karl Frey [15]

Karl Frey spricht nicht von Phasen, sondern untergliedert die Projektmethode in sieben Komponenten, wobei die ersten fünf den Projektverlauf beschreiben.

→ Projektinitiative: Offene Ausgangssituation: eine Anregung, eine Idee trifft auf die Bedürfnisse und Interessen der Teilnehmenden

→ Auseinandersetzung mit der Projektinitiative: Projektskizze als Grundlage für den weiteren Projektverlauf, Verbindung mit der eigenen Wirklichkeit

→ Entwicklung der Projektinitiative zum Betätigungsgebiet und Erstellung eines Projektplans mit den Vorstellungen über den möglichen Endpunkt

→ Projektdurchführung: Umsetzen des Willens in konkrete Handlung, erlebte Zusammenarbeit, Konzentration auf eine gemeinsame Sache

→ Beendigung des Projekts:
  - ○ bewusst: Präsentation (auch: Einsicht in Scheitern),
  - ○ Rückkoppelung zur Initiative mit Manöverkritik,
  - ○ Auslaufen lassen mit Reflexion der angestrebten Ziele und Handlungsabläufe, Auseinandersetzung mit dem Arbeits- und Lernprozess

Die folgenden Komponenten können im Projektverlauf mehrmals eingefügt werden:
→ Fixpunkt: „Auszeit" als organisatorische Schaltstelle zur gegenseitigen Information und weiteren Planung und Metainteraktion
→ Metainteraktion: Aufarbeitung von Beziehungsproblemen

◉ Schritte eines Projekts nach Herbert Gudjons [16]

Herbert Gudjons, Professor für Erziehungswissenschaft in Hamburg, untergliedert den Verlauf eines Projekts in vier Schritte, denen er bestimmte Merkmale zuordnet, die hier kurz zusammengefasst werden.

→ Im ersten Schritt geht es um die Auswahl einer problemhaltigen lebensnahen Fragestellung, die von den Interessen der Beteiligten ausgeht und den Erwerb von Erfahrungen ermöglicht.

---

[15] Informationen nach: Frey, Karl: S. 77 ff.
[16] Informationen nach: J. Bastian/H. Gudjons: S. 28 ff.

→ Der zweite Schritt beinhaltet **zielgerichtete Planung, Selbstorganisation und Selbstverantwortung.** Gemeinsam wird ein Plan zur Problemlösung entwickelt.

→ Merkmal des dritten Schrittes ist die **handlungsorientierte Auseinandersetzung** mit dem Problem in der Gruppe. Soziales Lernen wird eingeübt als Vorbereitung auf demokratische Tugenden.

→ Im vierten Schritt geht es um die **Reflexion** des Projektes: Sind Ergebnisse erzielt worden, die nützlich, wichtig oder wertvoll sind?

◉ Vier-Stufen-Modell

Das von mir entwickelte Vier-Stufen-Modell wurde vor allem für die Projektarbeit in der Schule konzipiert und umfasst folgende Phasen:
→ **Vorbereitung**
→ **Planung**
→ **Durchführung**
→ **Abschluss**

Es orientiert sich an dem Modell, das für die Handreichung zum Themenorientierten Projekt „Wirtschaften, Verwalten, Recht"[17] entwickelt wurde. Dieses umfasst die Phasen Initiative, Planung, Durchführung, Präsentation, Bewertung und Evaluation, denen die erforderlichen Arbeitsschritte zugeordnet werden.

Beim Vier-Stufen-Modell werden Präsentation, Bewertung und Evaluation zur vierten Phase, dem „Abschluss", zusammengefasst.

Die Phasen des Vier-Stufen-Modells sind vor allem für jüngere Schüler gut zu überblicken.

Um ihr Ziel zu erreichen, müssen die Schüler die vier Stufen „erklimmen". Wenn sie mit diesem Modell vertraut sind, haben sie eine Orientierung für ihre Arbeit, sehen ihr Ziel deutlicher vor Augen und sind eher in der Lage, **Schwierigkeiten und Probleme** in Abhängigkeit von den einzelnen Phasen als **etwas Normales** zu betrachten. Sie können damit auch die Bedeutung einer detaillierten Planung besser verstehen.

---

[17] *Jäger/Klein/Müller/Packmor/Reik: Wirtschaften, Verwalten, Recht. So geht's leichter …*

Projektverlauf nach dem Vier-Stufen-Modell

Planung

- Projektstrukturplan entwickeln
- Projektablaufplan erstellen
- Arbeitsgruppen bilden
- Gruppenidentität entwickeln
- Arbeitspakete und Ziele konkretisieren
- Gruppenarbeitspläne erstellen
- Bewertungskriterien festlegen

Vorbereitung

- Thema auswählen
- Durchführbarkeit überprüfen
- Ziel beschreiben
- Projektmappe anlegen
- Teamkompetenz fördern

Abschluss

- Bewertung vorbereiten
- Dokumentation oder Portfolio erstellen
- Präsentation vorbereiten
- Im Team präsentieren
- Bewertung durchführen
- Prozess und Ergebnis evaluieren

Durchführung

- Teamarbeit organisieren
- Konflikte managen
- Informationen einholen und auswerten
- Projektfortschritt überprüfen
- Ergebnis/Produkt fertig stellen

Projektkategorien

Wie intensiv ein Projekt durchlaufen wird, hängt von der Art des Projekts und vor allem von der Altersstufe und Erfahrung der Schüler ab. Möglich sind drei Kategorien, nämlich eine Einstufung nach kleinen, mittleren und großen Projekten.

Dieses Buch beschränkt sich auf die Vorstellung von kleinen und mittleren Projekten. Großprojekte sind in der Schule eher selten und können von daher als Ausbaustufe der mittleren Projekte angesehen werden. Bei jüngeren oder projektunerfahrenen Schülern wird man in der Regel eher mit kleinen Projekten beginnen. Dabei wird es sich auch eher um projektorientiertes Arbeiten handeln (s. Reduktionsstufen S. 18).

Für die kleinen und mittleren Projekte folgt hier eine Übersicht über Umfang, Organisation, Stundenverteilung und mögliche Bewertung. Die Angaben für den zeitlichen Umfang sind natürlich nur als grobe Klassifizierung zu sehen. Bei der Stundenverteilung bzw. Organisation spielen die schulischen Gegebenheiten und Vorgaben eine wesentliche Rolle. An manchen Schulen gibt es fest eingeplante Zeitfenster für Projekte, die dann natürlich auch in Anspruch genommen werden sollten, denn sie bieten viele Vorteile. Am schwierigsten ist die Durchführung eines Projekts in Einzelstunden, da die Projektteams sich immer wieder erst in ihre Arbeit eindenken müssen.

Außerdem wird hier bereits auf Bewertungsmöglichkeiten verwiesen, die im Abschnitt „Abschluss" ausführlich vorgestellt werden.

	Kleine Projekte (A)	Mittlere Projekte (B)
Zeitlicher Umfang	Bis zu 12 Stunden	Bis zu 30 Stunden
Organisation	× 2 halbe Tage à 6 Stunden, × 1½ Tage mit unterschiedlicher Stundenzahl, × 2er-/3er-Stunden-Blöcke	× Projektwoche durchgängig mit 5 Tagen à 6 Stunden, × halbe oder ganze Tage, übrige Zeit verteilt auf Doppel- oder 3er-Stunden-Blöcke, × nur 2er-/3er-Stunden-Blöcke
Stundenverteilung	Abhängig vom Projektthema, ob zwischen den Blöcken Zeit für Recherche liegt oder eine praktische Arbeit in einem möglichst langen Block fertig gestellt werden sollte.	Abhängig vom Thema, doch sollten längere Abschnitte dabei sein, in denen durchgängig am Projekt gearbeitet werden kann.
Bewertung	Bewertungsbögen (A): Möglich sind drei Bewertungsschwerpunkte, ebenso eine Kombination aus zwei Schwerpunkten, z.B. × Dokumentation und Präsentation, × Präsentation und Prozess, × Dokumentation und Prozess	Kombination aus den Bewertungsbögen (A) und/oder (B), bei hohem Anspruch können auch alle drei Bewertungsbögen (B) eingesetzt werden: × Dokumentation, × Präsentation, × Prozess

Beispiele aus der Praxis

Die Arbeit in Projekten ist in der Regel fächerübergreifend. Manche Themen gehen auch über die Fächergrenzen hinaus, z.B. die Gestaltung von kulturellen Veranstaltungen, Sporttagen, Studienfahrten. Es gibt selten Themen, die nur ein Fach tangieren, was bei den folgenden Beispielen deutlich wird. Deshalb ist es sinnvoll, dass in Lehrerteams gearbeitet wird. Leider ist das in der schulischen Realität nicht immer durchführbar, weil keine zusätzlichen Stunden für diese Arbeitsweise zur Verfügung stehen. Darum ist es sehr zu begrüßen, wenn Schulen durch besondere Organisationsformen oder die Verteilung der Stunden die Arbeit in Lehrerteams ermöglichen.

Im Folgenden werden acht Projektbeispiele beschrieben, die von Lehrerinnen und Lehrern an verschiedenen Schulen realisiert wurden. Sie zeigen, wie spannend und vielfältig die Arbeit in Projekten sein kann.

„Wie orientiere ich mich im Gelände?"

Modell der Höhenlinien

Fächerverbund:
Erdkunde – Wirtschaftskunde –
Gemeinschaftskunde (EWG)

Klassenstufe: 5

Zeitlicher Umfang:
10 Unterrichtsstunden an
2 Projekttagen

Projektverlauf:
Das projektorientierte Vorhaben bestand aus zwei Teilen. Zuerst wurden als Grundlage abstrakte Themen, wie z.B. der Umgang mit Karten, der Kartierung und den Höhenlinien, handlungsorientiert erarbeitet.

Der Höhepunkt des Vorhabens war der zweite Teil, nämlich eine Wanderung, bei der die erlernten Fachkenntnisse in Gruppen eigenständig umgesetzt wurden.

In der **Vorbereitungsphase** stellte ich das Vorhaben einschließlich der Bewertungskriterien der Klasse vor und klärte organisatorische Dinge, wie z.B. die zur Verfügung stehende Zeit. Die Gruppen wurden durch Ziehen von Karten gebildet.

Anschließend begann der erste Projekttag mit der **Kartierung**. Die Materialien stellte ich den Schülern zur Verfügung. Sie erhielten zuerst eine vereinfachte bildliche Darstellung einer Landschaft, anschließend wurde ihnen dieselbe Landschaft als Karte mit Symbolen[18] vorgelegt, die erst mit Hilfe der Legende decodiert werden konnten. Den Schülern wurde der Brief eines Burgherren („Storymap") vorgelesen, der zusätzliche Informationen enthielt. Aufgabe der Schüler war nun, diese in die vorliegende Karte einzutragen.

Dabei ergab sich die Frage: *„Wie bringe ich einen Berg auf die Karte?"*

Zum Verstehen von **Höhenlinien** erhielt jede Gruppe eine mit Sand gefüllte Kiste mit der Aufgabe, einen Berg zu modellieren. Um diesen wurden mit Wollfäden vier Wege gelegt, die auf verschiedenen Höhen verlaufen sollten, jeder einzelne Weg aber auf der gleichen Höhe (siehe Abbildung S. 26). Anschließend wurde eine Folie über die Sandkiste gespannt. Mit einem Folienstift wurden die gut sichtbaren Linien der Wollfäden auf die Folie übertragen. Dadurch entstand eine einfache Karte mit Höhenlinien. Die Schüler konnten erkennen, dass bei dicht nebeneinanderliegenden Linien der Hang steiler war als bei weit auseinanderliegenden Linien. Der Berg war auf die Karte gebracht.

Der **Höhepunkt** des projektorientierten Vorhabens war die **Wanderung** am zweiten Tag, wo das Erlernte praktisch umgesetzt werden sollte. Ausgangspunkt war die Schulaula: Jede Gruppe erhielt eine Karte mit dem eingezeichneten Wanderweg und sieben nummerierten Stationen sowie eine Klarsichtfolie mit den dazugehörenden Text- bzw. Aufgabenkärtchen. Jede Gruppe war nun für einen bestimmten Teilabschnitt der Wanderung verantwortlich, indem sie die Klasse von einer Station zur nächsten führte. Dazu mussten die Schüler die **Karte einnorden, Himmelsrichtungen bestimmen**, die Landschaft genau betrachten und markante Punkte in ihre Orientierung einbeziehen. An jeder einzelnen Station las der Verantwortliche der zuständigen Gruppe den Text und die Aufgabe vor. Die Ergebnisse wurden dann in die Karte eingetragen.

---

[18] *Lenz, T.: S. 11–13*

Nach ungefähr eineinhalb Stunden erreichte die Klasse die letzte Station, die sich wieder in der Aula der Realschule befand.

Im Anschluss erfolgte die Nachbesinnung mit einem Projekt-ABC, einem Selbst- und Fremdbewertungsbogen und einem abschließenden Reflektions-gespräch. Dabei wurde deutlich, dass die Schüler Störungen und Probleme während der Arbeitsphasen erkennen und sich gegenseitig Verbesserungs-vorschläge für die Zukunft geben konnten.

Bewertung:

Am Ende des Projektes sammelte ich die Projektordner ein und bewertete sie.

Lehrerrolle:

Am ersten Projekttag leitete ich die Schüler noch umfassend an, bis sie in Gruppen alleine arbeiten konnten. Ab diesem Zeitpunkt war ich überwiegend Berater und stand zur Beantwortung von Fragen zur Verfügung.

Kompetenzzuwachs:

Neben dem fachlichen Wissenszuwachs im Bereich Kartografie wurde die Kooperation in der Klasse durch das Projekt besonders gestärkt.

Fazit:

Die Schüler waren nach dem Projekt motivierter bei der Sache, unterstützten sich gegenseitig und schwärmten noch lange von dem „Berg mit den Höhenlinien" und der Wanderung.

Schülermeinungen sagen mehr als alle Erläuterungen:

„Es war gut, dass man im Team gearbeitet hat.
Wir konnten uns besser kennen lernen."

„Wir mögen uns eigentlich nicht besonders,
aber wir haben gut zusammengearbeitet."

„Das Zeichnen auf dem Papier mit dem Weg,
wie man zum schönen Schloss kommt, hat mir am besten gefallen."

Kerstin Weil

◑ „Warmschlaf" – Wärmeisolation von Schlafsäcken

Präsentation von „Löwenflaum"

Beteiligte Fächer:
Naturwissenschaftliches
Arbeiten (NWA),
Deutsch, Mathematik

Klassenstufe: 5

Zeitlicher Umfang:
ca. 2–3 Monate mit
ca. 40 Stunden

Projektverlauf:
Das Ausgangsthema in NWA
war „**Stoffe und ihre Eigen-
schaften**". Neben der Beschaf-
fenheit und der Wärmeleit-
fähigkeit untersuchten wir
im NWA-Unterricht die Isolationseigenschaften verschiedener Stoffe.
Wir testeten Hasenfell, Federn aus einem Kopfkissen, Kunstfaser aus
einem Schlafsack und Luft. Unsere Frage lautete: **Welcher Stoff hält als
Schlafsackfüllung am besten warm?**
Die **Isolationseigenschaften** der Stoffe wurden folgendermaßen untersucht:
Wir maßen die Abkühlung von heißem Wasser (70 °C) in Reagenzgläsern
innerhalb von 10 Minuten. Dazu füllten wir die verschiedenen Stoffe in Sahne-
flaschen ab, die jeweils einen halben Liter fassen konnten. Durch die geloch-
ten Deckel der Flaschen wurden nun die Reagenzgläser eingeführt. Eines blieb
dabei ohne Isolierung (Vergleichswert). Um eine relativ große Differenz zu
erzielen, führten wir die Messungen bei kalter Witterung (ca. 5 °C) im Freien
durch.

Im Anschluss an die Stunde kam einem Schüler die Idee, **unterschiedliche
Schlafsackfüllungen** (z.B. Daunen) auf ihre Isolationseigenschaften zu testen.
Darauf schrieben die Schüler im Deutschunterricht eine Anfrage an vier
Schlafsackhersteller. Tatsächlich trafen nach einiger Zeit von jeder Firma
Pakete mit Schlafsackfüllungen ein, insgesamt 14. Jeweils zwei Schüler
testeten einen Isolationsstoff dreimal 20 Minuten lang. Diese drei Testwerte
wurden danach gemittelt. Der Testsieger war eine Gänsedaunenfüllung
80/20 von einem der vier Hersteller.

Angespornt von ihrem Unterrichtsthema, hatten die Schüler die Idee, einen eigenen Isolationsstoff zu erfinden. Sie sammelten Löwenzahnsamen mit Flugschirmen. Die Tests ergaben, dass das Gewicht des Ganzen im Vergleich zum Volumen zu groß war. Daher entwickelten die Schüler ein Verarbeitungsverfahren, um die schweren Samen von den faserigen Flugschirmen zu trennen. Ergebnis: Unser Produkt „Löwenflaum".

Bewertung:

Die Präsentationen der Schüler wurden als Klassenarbeit gewertet. Sie erstellten dazu Plakate mit den Produkteigenschaften und Testergebnissen eines Isolationsmaterials.

Lehrerrolle:

Zunächst stellte ich den Schülern die Projektaufgabe und gab ihnen Ratschläge, wie sie bei der Umsetzung vorgehen könnten. Später begleitete ich sie vor allem bei der Umsetzung ihrer eigenen Themen und konnte mich auf Hilfestellungen bei der Durchführung beschränken.

Kompetenzzuwachs:

Die Schüler entwickelten eigene Ideen und setzten sie um. Sie erstellten Präsentationsmaterialien und führten Präsentationen durch; zudem lernten sie, wie man das eigene Produkt vermarkten kann.

Fazit:

Besonders gut an dem Projekt war, dass die Idee von den Schüler selbst initiiert wurde.

Unser Projekt Warmschlaf gewann beim NANU-Wettbewerb 2007 in Baden-Württemberg den 1. Preis (1000 € und ein Tag bei den Science Days im Europapark).

Martin Hartmannsgruber

○ Schulhausgestaltung

Fach: Bildende Kunst

Klassenstufe: 5 und 6

Zeitlicher Umfang:
23 Schulstunden (in einem Zeitraum
von 3 Monaten: 1 x wöchentlich,
nachmittags 2–4 Stunden)

Tastpfad

Projektverlauf:
Vor allem **selbstbestimmtes, eigenver-
antwortliches und problemlösendes
Arbeiten**, die Produktorientierung, das Einbeziehen vieler Sinne, die Verbindung von
Denken und Handeln, das soziale Lernen in der Gruppe und die Öffnung zur
‚Außenwelt‘ zeichnen die Schulhausgestaltung als Projekt aus. Ein weiteres
Merkmal in Bezug auf die Rahmenbedingungen ist die Gruppenzusammensetzung aus Schülern verschiedener Klassenstufen, die sich nach eigenem Interesse zusammenfanden. Außerdem fand die Schulhausgestaltung außerhalb
des regulären Unterrichts statt.

In der **Initialphase** (3 Schulstunden) hatten die Schüler nach dem ersten Ken-
nenlernen die Möglichkeit, das Schulhaus und Schulgelände zu erkunden und
sich an Materialtischen über verschiedene Künstler und Werke zu informieren.
Im Plenum wurden alle Ideen gesammelt und bezüglich ihrer Umsetzbarkeit
analysiert. So kristallisierten sich 5 Bereiche heraus, die gestaltet und verän-
dert werden sollten. Voller Eifer erstellten die Schüler erste **Entwürfe und
Skizzen**. In der folgenden Woche kam es zur Gruppeneinteilung und der
Verteilung interner Aufgaben (Zeitwächter, Materialwächter etc.).
Die Schüler waren sehr aufgeregt und gespannt, als sie vor Beginn der ersten
Arbeitsschritte die Aufgabe hatten, die **Genehmigung** ihrer Vorhaben bei der
Schulleitung einzuholen, um auch die rechtliche und organisatorische Seite
des Projektes kennen zu lernen.

Die nun folgende **Produktionsphase** (18 Schulstunden) konnten sie kaum er-
warten, und sie arbeiteten jede Woche aufs Neue hoch motiviert, selbstständig und gewissenhaft an ihren jeweiligen Aufgaben: eine Gruppe bemalte die
Säulen im Schulhaus mit Buntstiften, die Barfußpfad-Gruppe baute einen
Tastpfad, die Schilder-Gruppe beschriftete die Fachraumtüren mit bunter

selbstklebender Folie, eine Gruppe setzte auf großen Spanplatten Motive von Friedensreich Hundertwasser mit Mosaikelementen und Farbe um, und eine weitere verschönerte die grauen Wände vor dem Musiksaal durch musizierende bunte Schattenbilder.

Zu Beginn jeder Veranstaltung fand eine kurze **Feedback- und Ausblickrunde** statt, in der die einzelnen Gruppen ihre Ziele formulierten und Probleme ansprechen konnten. Auch am Ende wurde, nach dem Aufräumen, kurz besprochen, ob Material besorgt werden musste und ob es Probleme gab.
Die Abschlussphase (2 Schulstunden) gliederte sich in die Reflexion und Bewertung des Projektes durch die Schüler und die Präsentation der Arbeiten. Dazu waren die Lehrer, Mitschüler und die Familien eingeladen. Keiner hatte mit so vielen Besuchern gerechnet, und die Schüler waren dementsprechend aufgeregt. Sie meisterten ihre Aufgabe aber sehr gut und ernteten viel Beifall.

Bewertung:
Die Schüler bewerteten mit einem Strahl durch Punkteverteilung 6 Kriterien: Ergebnis, Betreuung durch die Lehrerinnen, Vorgehensweise, Zusammenarbeit in der Gruppe, eigene Arbeit, zur Verfügung stehende Zeit. Die Ergebnisse wurden im Anschluss besprochen. Für eine differenziertere Rückmeldung wurde der Reflexionsbogen Teamprozess eingesetzt. Weitere Bewertungen wurden nicht vorgenommen (es handelte sich um ein klassenübergreifendes Wahlangebot für jeweils ¼ Jahr).

Lehrerrolle:
Die Lehrerrolle während des Projekts war insgesamt **zurückhaltend, hauptsächlich beaufsichtigend und auf Wunsch beratend und unterstützend.**

Um den Projektcharakter noch mehr zu unterstützen, könnte zusätzlich die Materialbeschaffung in Schülerverantwortung abgegeben werden. Außerdem könnten weitere Fächer, wie z.B. Technik, einbezogen werden.

Kompetenzzuwachs:
Die bewusste Gestaltung der eigenen Lebens- und Lernumwelt durch handlungs- und produktorientiertes Arbeiten unterstützt nicht nur ganzheitliches Lernen, sondern auch das **Gemeinschaftsgefühl und den Spaß an der Kunst.** Während des gesamten Prozesses wurden sowohl die Selbstständigkeit des Einzelnen und der Gruppe gefördert und gefordert als auch die Zusammenarbeit, was wiederum die Entwicklung von **Kritikfähigkeit und Kompromissbereitschaft** förderte.

Eigene Fähigkeiten und Fertigkeiten, das eigene Wissen und eigene Gestaltungsideen einzubringen, um ein gemeinsam geplantes Vorhaben mit neuen und bekannten Techniken, Materialien, Werkzeugen und Medien zu verwirklichen und darüber hinaus das Ergebnis anschließend voller Stolz der Öffentlichkeit zu präsentieren, forderte nicht nur Mut, sondern förderte zudem das **Selbstbewusstsein und das Vertrauen in die eigene Person und das eigene Können**.

Fazit:
Die Motivwahl muss in Hinblick auf ihren Zweck und Entstehungsort sorgfältig durchdacht sein, da sie alle am Schulleben Beteiligten ansprechen soll. Zudem muss die Schulleitung (und ggf. der Schulträger) das Vorhaben genehmigen.

Die **hohe Motivation, der Tatendrang der Schüler und der Spaß an der Arbeit** waren treibende Kraft während des gesamten Projektverlaufs.

Corina Wiesner

◉ Die Jungsteinzeit: Meine Reise durch die Zeit

Beteiligte Fächer:
Geschichte, Informatik, Deutsch

Klassenstufe: 6

Zeitlicher Umfang:
3 Projekttage mit jeweils 5 Unterrichtsstunden

Projektverlauf:
Bevor unser Projekt zum Thema „Jungsteinzeit" Form annahm, beschäf-

Vorbereitung des Lernplakats

tigten wir uns mit der „Altsteinzeit". Dies diente als Vorarbeit, da die Klasse zuvor noch nie projektartig gearbeitet hatte. Die Schüler erarbeiteten einige der Themengebiete der „Altsteinzeit" in Gruppen- und Partnerarbeit und konnten sich somit methodisch auf das bevorstehende Projekt einstimmen.

Dies stellte sich später auch für die Auswahl der Themen als vorteilhaft heraus, da die Klasse nun in der Lage war, selbst zu entscheiden, welche Themengebiete der „Jungsteinzeit" für sie von Interesse waren. Sie entschieden sich für die 4 Bereiche **Wohnen in der Jungsteinzeit, Bauern in der Jungsteinzeit, Viehzucht/Haustiere, Kleidung**.

Nachdem diese feststanden, erstellte ich Arbeitsblätter, die den Schülern zur Vorbereitung ihrer Präsentationen dienten. Anschließend stellte jede Gruppe mit einem **Lernplakat** ihr Thema vor, sodass die ganze Klasse nun den gleichen Wissensstand hatte.
Danach stellten die Schüler selber Bücher und Comics über eine Zeitreise in die Vergangenheit her. Dafür faltete ich DIN-A4-Blätter in der Mitte und heftete sie. Somit konnte mit relativ wenig Aufwand ein schönes Ergebnis, auf das die Schüler sehr stolz waren, entstehen. In ihren Büchern beschrieben sie, wie es ihnen wohl in der Jungsteinzeit ergehen könnte: Sie verfassten also eine Fantasieerzählung, die durch selbstgemalte Bilder und Comics ergänzt wurde. Es entstanden tolle Produkte, die sie kurze Zeit später an einem gemeinsamen Nachmittag ihren Eltern präsentierten.

Bewertung:
Die Bewertung anhand meiner Beobachtungen verunsicherte die Schüler zunächst. Doch schon bald waren alle Bedenken verflogen, und sie störten sich nicht daran, dass ich sie beobachtete und mir Notizen machte.
Ich bewertete den **Arbeitsprozess** der einzelnen in den Gruppen, die **Präsentation** und das **Produkt**, also die erstellten Bücher. Die Kriterien wurden zuvor gemeinsam erarbeitet und waren allen bekannt.
Anschließend konnten sich die **Gruppenmitglieder gegenseitig bewerte**n. Sie bekamen pro Gruppe eine bestimmte Punktezahl, die sie gemeinsam an einzelne Mitglieder je nach Leistung verteilen konnten. Nach anfänglichen Schwierigkeiten verlief die Punkteverteilung sehr einvernehmlich.

Lehrerrolle:
Zunächst war ich mit meiner Lehrerrolle nicht zufrieden. Die Schüler waren unsicher und wollten immer wieder die Bestätigung von meiner Seite. Das änderte sich allerdings im Verlauf der Arbeit, und ich wurde **zunehmend zum Beobachter und Ratgeber**. Die Klasse versuchte, eigene Problemlösestrategien zu entwickeln, als kleinere Schwierigkeiten auftraten (Lautstärke, räumliche Enge, Unstimmigkeit innerhalb der Gruppen). Somit konnte ich mich verstärkt der Beurteilung und Beobachtung widmen. Aus einem projektartigen Arbeiten wurde immer mehr ein richtiges Projekt.

Kompetenzzuwachs:

Die Schüler lernten **wichtige Aspekte der Jungsteinzeit** kennen und waren in der Lage, die Unterschiede zur Altsteinzeit zu benennen und zu erklären. Sie übten sich in der Textarbeit und lernten, wichtige Informationen zu entnehmen. Das erworbene Wissen erklärten und visualisierten sie. Nebenbei lernten sie, ihr Vorgehen zu organisieren, zu planen und zu gestalten. Im Rahmen der **personalen Kompetenz** lässt sich sagen, dass die Schüler sich engagierten, Spaß hatten und Selbstvertrauen bei der gemeinsamen Arbeit entwickelten. Es fiel ihnen leicht, sich mit dem Produkt zu identifizieren. Sie zeigten Durchhaltevermögen, Sorgfalt und Zuverlässigkeit. Gleichzeitig schulten sie ihre **soziale Kompetenz**: Das Klassenklima verbesserte sich spürbar, da die Schüler lernten, konstruktiv miteinander zu kooperieren und zu diskutieren. Die Teamfähigkeit wurde gestärkt, wovon wir später im Geschichtsunterricht profitieren konnten.

Fazit:

Besonders positiv und nachhaltig veränderte sich die Atmosphäre in der Klasse. Die anfänglich sehr unruhigen und untereinander rivalisierenden Schüler wurden zu einer **Gemeinschaft**. Sie entdeckten die unterschiedlichen Stärken und Fähigkeiten ihrer Klassenkameraden, die im „normalen" Unterricht nur selten zum Vorschein kamen. Leider entstanden die einzelnen Gruppen nicht auf Grund von unterschiedlichen Interessen an Einzelthemen, sondern aus Sympathiegründen. Trotzdem kamen während des Projektes Schülergruppen zusammen, die bisher noch nie in dieser Konstellation gearbeitet hatten. Dennoch, oder gerade deshalb, waren sie sehr **erfolgreich und diszipliniert**. Während der Gruppenarbeitsphasen war zusätzlich eine Annäherung zwischen Jungen und Mädchen zu bemerken, die bisher im Unterricht undenkbar gewesen wäre.

Aufgefallen ist mir auch, dass die Klasse die Möglichkeit, sich im Raum zu bewegen, sehr aktiv wahrnahm. Nur wenige arbeiteten kontinuierlich im Sitzen. Erstaunlicherweise erzeugte diese ständige Bewegung keinen Lärm, sondern brachte Ruhe ins Klassenzimmer. Die Schüler informierten sich über die Entwicklungen in den anderen Gruppen und **standen einander mit Rat und Tat zur Seite**.

Eine besondere Schwierigkeit stellten die räumlichen Gegebenheiten dar. In dem kleinen Klassenzimmer behinderten sich die Gruppen gegenseitig. Die Probleme bewirkten jedoch, dass sich alle besser organisieren mussten, um einander nicht in die Quere zu kommen.

Die Tatsache, dass es neben der Gruppenarbeit auch Zeit für Einzelarbeit gab, während der die Schüler ihre Bücher anfertigten, stellte sich als sehr wichtig heraus. Dadurch kam es nicht zu Ermüdungserscheinungen, und die Klasse nahm den Wechsel dankbar an.

Ich lud Kollegen ein, uns während des Projektes zu besuchen, was einige auch wahrnahmen. Das gelungene Projekt ermutigte andere Kollegen, das „Risiko" einzugehen und ein Projekt zu „wagen".

Katerina Kurek

Eine Geschichtswerkstatt – Leben und Wohnen in der Steinzeit

Fach: Geschichte

Klassenstufe: 6

Zeitlicher Umfang:
12 Schulstunden innerhalb einer Projektwoche mit insgesamt drei kompletten Schultagen, mit Bibliotheksbesuch und selbstständiger Materialbeschaffung im Wald

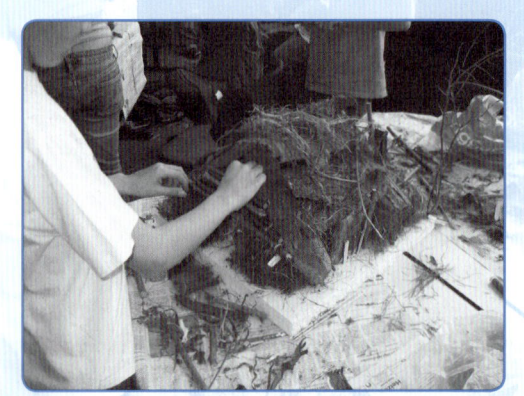

Modellbau eines Hauses

Projektverlauf:
Der Begriff „Geschichtswerkstatt" kam zu Stande, weil sich mein projektorientiertes Vorhaben in zwei Teile gliedert, wobei sich das gesamte Vorhaben an die Form und den Verlauf des *linearen Modells*[19] des Projektlernens anlehnt. Im ersten Teil steht die theoretische Erarbeitung der einzelnen Themen im Vordergrund, einschließlich der eigenverantwortlichen Informationsbeschaffung und -auswertung sowie der Präsentation der Lernplakate der einzelnen Gruppen.
Im zweiten Teil des Projekts wenden die Schüler das erarbeitete Wissen in der Praxis an, indem sie ein Modell eines jungsteinzeitlichen Hauses als

---

[19] Apel, Hans Jürgen: S. 86

Projekt-Produkt anfertigen. Hierbei können die überfachlichen Kompetenzen gefördert werden, da die Schüler beispielsweise Aufgaben außerhalb des Unterrichts übernehmen. Nach einer Abschlussbesprechung können die fertigen Produkte in einer Ausstellung der ganzen Schule gezeigt werden.

Bewertung:
Hier gibt es drei wichtige Bestandteile:
→ Bewertung des Prozesses nach zuvor mit den Schülern ausgewählten Kriterien durch Beobachtung durch den Lehrer,
→ Bewertung der Präsentation,
→ Bewertung der fertigen Schülerprodukte.

So ist gewährleistet, dass jeder seine spezifischen Stärken nicht nur in Form einer Ziffernote, sondern auch durch eine **Verbalbeurteilung** (Testat) wiederentdeckt.

Lehrerrolle:
Die Schüler organisierten mit meiner Unterstützung selbstständig den Lernprozess, um wichtige Themen und Inhalte der Unterrichtseinheit Steinzeit kennen zu lernen. Dazu wurden von meiner Seite aus nur Vorgaben im Bereich der Herangehensweise an das Thema, der Zeit und des Umfangs gemacht, um den Schülern einen eigenverantwortlichen Erkenntnisprozess zu ermöglichen. Aus diesen Gründen wurde das Projektvorhaben prozess- und produktorientiert geplant.
Die veränderte Lehrerrolle ermöglicht es, flexibel auf jeweilige Lernsituationen zu reagieren. **Diesen Balanceakt zwischen angeleitetem Lernen und Eigenverantwortung** gilt es in einer ausgewogenen Mitte zu halten.

Kompetenzzuwachs:
Zu den übergeordneten Lernzielen der projektorientierten Unterrichtseinheit gehören nicht nur die Erarbeitung der inhaltlichen Aspekte (wie die Menschen ihr Leben in der Steinzeit organisiert haben), sondern auch der Erwerb **überfachlicher Kompetenzen**, z.B. durch die Auseinandersetzung mit Texten in Lerngruppen und die **Förderung der individuellen Teamfähigkeit**. Des Weiteren wird vor allem Wert auf einen Kompetenzzuwachs im personalen und sozialen Bereich gelegt, darum sollen z.B. Aufgaben außerhalb des Unterrichts übernommen werden. Beispielsweise kann Material (Bilder u.a.) aus dem Internet oder weiterführende Literatur beschafft und mitgebracht werden.

Fazit:

Obwohl das eigentliche Thema lehrerzentriert eingeführt wurde, konnten die Schüler nach ihren eigenen Vorlieben und Interessen die Themen der einzelnen Lerngruppen festlegen. Damit entspricht dieses Vorhaben vielen Merkmalen, die einem Projekt nach Frey und Gudjons allgemein zugeordnet werden[20]:

→ ein **abgeschlossenes Vorhaben**, das durch die *„Einmaligkeit der Bedingungen [...] gekennzeichnet ist."*[21]

→ Schaffung eines **Produktes** (ein jungsteinzeitliches Modellhaus), wobei der **Handlungs- und Lernprozess** gleichwertig ist

→ **Selbstorganisation** (Themenfindung und Zuordnung in die Lerngruppen) und **Selbstverantwortung** (für das Gelingen der Präsentationen und des Modellbaus)

→ **soziales Lernen** (durch die gemeinsame Entscheidungsfindung und die selbstständige Durchführung innerhalb der Lerngruppen)

→ **Zielorientierung:** Präsentation der Gruppenergebnisse, Modellbau als Projektprodukt

Frank Reimann

Wiedereröffnung des Schülercafés

Beteiligte Fächer:

Themenorientiertes Projekt „Wirtschaften, Verwalten und Recht (TOP WVR)"[22] mit Fachinhalten aus dem **Fächerverbund** Erdkunde, Wirtschaftskunde und Gemeinschaftskunde (EWG) sowie Mensch und Umwelt (MUM).

Klassenstufe: 8

Zeitlicher Umfang:

ca. 50 Stunden innerhalb von 8 Wochen, Start in einer Profilwoche, in der die Schüler täglich daran arbeiten konnten, danach wöchentliche Arbeitsphasen in den beteiligten Fächern.

---

[20] Vgl.: Gudjons, Herbert: S. 61–65
[21] Vgl.: Definition nach DIN 69901
[22] Bildungsplan 2004 S. 187 ff.

Projektverlauf:
Der Anstoß für die Durchführung des Projekts kam von Schülerseite: Das Schülercafé war in früheren Jahren ein großer Erfolg, aber dann wurde der Betrieb sehr zum Leidwesen der Schüler eingestellt. Als Pausenbrote gab es nun das „schulübliche" Angebot, also Laugengebäck und süße Teilchen.

Das war den Schülern auf Dauer zu eintönig, zu ungesund und zu teuer.

Bevor das eigentliche Projekt begonnen wurde, fand eine **Vorbereitungsstunde** statt.

Vorbereitung der Eröffnung

In dieser wurde geklärt, wie die Projektmappe angelegt wird.

In der **Initiativphase** ging es darum, die Realisierbarkeit des Projektes zu prüfen und die Ziele schriftlich zu formulieren. Die Schüler führten ferner eine Umfrage durch, welche Art von Pausenbrot von den Mitschülern gewünscht wird. In der **Planungsphase** erarbeiteten sie gemeinsam mit den Lehrern die Kriterien für die Bewertung.

Anschließend wurden die **Arbeitsschwerpunkte** festgelegt und 7 Gruppen gebildet: die Verkaufsgruppe, die Finanzgruppe, das Einkaufsteam, die Werbungsgruppe, die Küchengruppe, das Securityteam und die Einrichtungsgruppe. In dieser Phase wurde auch der zeitliche Rahmen inklusive Meilensteinen fixiert. Anschließend erfolgte die **Durchführung** des Projekts. Jede Gruppe arbeitete weitgehend eigenständig. Es ging u.a. darum, Informationen zu beschaffen und Kontakte zu außerschulischen Experten aufzunehmen. In einer **Meilenstein-Sitzung** präsentierte jede Gruppe ihren aktuellen Stand, und es wurde festgestellt, an welchen Stellen es Probleme gab. Die gemeinsame Renovierung des Cafés (Streichen der Wände und der Theke sowie der Stühle und Tische) und das Verteilen von Flyern sowie das Anbringen von Plakaten stellte die Vorbereitung der **Präsentation** dar. Sie bestand in der Wiedereröffnung des Cafés, zu der auch die Schulleitung und das Kollegium eingeladen waren. Zur Eröffnung verkauften die Schüler u.a. Vollkornbrötchen mit Salatbeilage und Fruchtspieße. Beides war bereits nach kurzer Zeit ausverkauft. Auch an den anderen Verkaufstagen lief das Geschäft sehr gut, und es gab viele positive Rückmeldungen.

Bewertung:
Bei der Bewertung wurden die Schüler mit Fremd- und Selbstbewertungsbögen einbezogen, die im Plenum besprochen wurden. Ferner korrigierten beide Lehrkräfte die Projektmappen. Auch die Beobachtungsnotizen, die sich beide Lehrkräfte während Gruppenarbeitsphasen gemacht hatten, flossen in die Bewertung ein.

Lehrerrolle:
Die Projektidee kam von den Schülern. Zu Beginn des Projekts vermittelten wir Lehrkräfte wichtige Informationen zum Projekt. Während der Durchführung hielten wir uns so weit wie möglich im Hintergrund und fungierten bei Bedarf als Berater. Bei Kontakten mit außerschulischen Experten, z.B. dem Malermeister vor Ort, waren wir anwesend, doch die Gespräche führten die Schüler selbstständig.

Kompetenzzuwachs:
Alle Schüler waren in diesem großen Projekt gefordert. Bezüglich der Fachkompetenz beschäftigte sich jede Gruppe mit anderen Schwerpunkten und erweiterte dementsprechend ihre Kompetenz. Alle setzten sich dennoch mit den rechtlichen Rahmenbedingungen auseinander. Sie gewannen Einblicke in die Grundlagen wirtschaftlichen Handelns und stellten Kontakte her. Allgemein war im Bereich der Sozial- und Personalkompetenz eine Weiterentwicklung erkennbar: So gelang es den Schülern immer besser, Probleme zu erkennen, diese anzusprechen und nach Lösungsmöglichkeiten zu suchen. Bezüglich der Methodenkompetenz war bei der Bewertung des Projektes zu beobachten, dass die Schüler sich selbst und die anderen sehr differenziert und objektiv bewerten konnten.

Fazit:
Abschließend lässt sich festhalten, dass dieses Projekt nicht nur den Schülern, sondern auch dem Lehrerinnen-Tandem viel Spaß gemacht hat. Es war ein Thema aus der unmittelbaren schulischen Lebenswelt, und es war einfach beeindruckend, mit welcher Begeisterung die Schüler dieses Projekt durchgeführt haben. Dass sich diese Form des pädagogischen Wirkens auszahlt, gibt folgendes Zitat eines der beteiligten Schüler sehr gut wieder:

„Ich habe erfahren, wie schwer und anstrengend es ist, so ein Café auf Vorder-mann zu bringen. Wenn endlich alles fertig ist, kann man richtig stolz sein, was man erarbeitet hat."

Sabrina Kästner

⟳ Ein Kampagnen-Spot im Fach Ethik

Beteiligte Fächer:
Ethik (Kunst, ITG,
Gemeinschaftskunde)

Klassenstufe: 9

Zeitlicher Umfang:
12 Wochenstunden verteilt auf
6 Wochen, danach Präsentation

Projektverlauf:
Die Schüler hatten die Vorgabe,
einen Spot zu kreieren, der sich
mit einem Themengebiet des
Faches Ethik beschäftigt.

Werbeplakat

Während der Initiativphase haben die Schüler nach interessanten Themen gesucht und sich nach ausführlichen Überlegungen für ein Thema aus dem Bereich „Soziale Gerechtigkeit" entschieden, nämlich für „Schulkleidung".
Sie waren sich sehr schnell einig, dass Schulkleidung ein Weg zu mehr sozialer Gerechtigkeit ist, und setzten sich das Ziel, in einem Kampagnenspot dafür zu werben.
Danach legten sie die verschiedenen Arbeitsschwerpunkte fest und ordneten sich nach Interesse den Gruppen zu.
Eine Gruppe schrieb das Drehbuch, andere entwickelten Slogans und ent-warfen Werbeplakate, kümmerten sich um die Requisiten oder die Historie, beschäftigten sich mit der Technik der Kamera und dem Schneideprogramm.

Nachdem der Spot gedreht und die Werbeplakate entworfen waren, wurde der Film anderen Schülern und Lehrern präsentiert. Die Einführung und anschließende Diskussion organisierten die Schüler selbst und leiteten sie. Abschließend wurde das gesamte Projekt evaluiert.

Bewertung:

Die Bewertungskriterien wurden zuvor mit den Schülern gemeinsam erarbeitet. Über das ganze Projekt hinweg machte ich mir Notizen zu den einzelnen Bereichen und gab jedem Schüler am Ende ein Feedback. Darüber hinaus wurde das Portfolio der Schüler bewertet.

Lehrerrolle:

Als Lehrer legte ich die Rahmenbedingungen fest durch
→ Vorgabe des Endprodukts, den Kampagnen-Spot,
→ Festlegung eines Themas aus dem Fach Ethik,
→ die zur Verfügung stehende Zeit.
Darüber hinaus war ich nur Berater. Die Schüler planten und regelten alles selbstständig.

Kompetenzzuwachs:

→ Umgang mit dem Schneideprogramm,
→ projektartiges und selbstständiges Arbeiten,
→ Einhalten von Zeitplänen,
→ Selbst- und Fremdbewertung,
→ Reflexion und Evaluation von Gruppenprozessen,
→ Einsatz für gesellschaftliche Werte.

Fazit:

Insgesamt ist das projektartige Arbeiten für alle Schüler ein Zugewinn. Sie lernen, gemeinsam ein Ziel zu erreichen, auch wenn sich zwischendurch Probleme mit Mitschülern, dem Material oder der Zeitplanung ergeben. Jeder Schüler kann seine Stärken entdecken und somit andere bei ihren Schwächen unterstützen.

Man sollte immer Zusatzaufgaben für die Schüler vorbereitet haben, um ungenutzte Zeit zu vermeiden, z.B. können die Schüler, wenn sie gerade Leerlauf haben, an ihrem Portfolio arbeiten.

Diana Retzbach

Erstellung von Fotoromanen im Französischunterricht

Beteiligte Fächer:
Französisch, Bildende Kunst, Informatik

Klassenstufe: 9

Zeitlicher Umfang:
ca. 10 Stunden

Projektverlauf:
Bei meinen Vorüberlegungen zu einem Projekt im Französischunterricht stand ich vor dem Problem, dass ich noch wenig Erfahrung mit Projekten hatte. Zwar war ich bestens mit der Theorie vertraut, aber es gab viele weitere Faktoren, die meine Ent-

Abschlusskontrolle der Texte

scheidung beeinflussten, nämlich Fragen wie „Was ist überhaupt ein gutes Projektthema?", „Was interessiert meine Klasse?" oder „Was erlauben mir die Rahmenbedingungen an der Schule?", bis hin zu „Wie setze ich das in der Theorie Gelernte in die Praxis um?" Doch wie so oft im Lehrerberuf: Learning by doing – wie schon Dewey, der Begründer der Projektmethode, sagte.

Ich entschied mich, meinen Schülern als Projekt den „Roman photo" vorzuschlagen. Der Fotoroman besteht aus einer Folge von Fotos, oft mit Dialogen und kurzen Zwischentexten, die eine Geschichte ergeben. Das Thema konnten die Schüler sich selbst auswählen. Da die meisten solche Fotoromane aus Zeitschriften kennen, waren sie sofort von dem Thema begeistert. Meine Schüler wollten ihre Fotoromane digital erstellen. Als Vorlage hierfür dienten Entwürfe von selbst verfassten Comics, die in Bildern nachgestellt wurden. Die Szenen wurden fotografiert und mit passenden französischen Texten versehen. Als Abschluss unseres Projektes wurden die Fotoromane jeder Gruppe vor der Klasse präsentiert. Unsere digitalen Fotoromane wurden außerdem auf der Homepage unsere Schule veröffentlicht, was uns alle sehr stolz auf unsere tollen Ergebnisse machte.

Bewertung:
Bei dieser Präsentation fand sowohl eine Bewertung durch mich als auch durch die Klasse selbst statt. Hierfür erhielten die Schüler ein Raster, das mit Smileys versehen war, um so die Bewertung zu vereinfachen.

Lehrerrolle:
Alle Gruppen zeichneten sich durch gute Planung, Kreativität und Eigeninitiative aus. Deshalb war ich mehr Berater und Beobachter.

Kompetenzzuwachs:
Ein Zuwachs an fachlicher Kompetenz im Französischunterricht ergab sich dadurch, dass sich die Schüler inhaltlich mit der französischen Comicsprache und der Arbeit mit dem Computer in Französisch auseinandergesetzt haben. Doch viel wichtiger war die hohe Motivation, mit der meine Schüler am Projekt gearbeitet haben. Auch bei eingeschränkter Sprachkompetenz konnten sie kreativ arbeiten. Das hat ihnen viel Spaß gemacht und den weiteren Unterricht positiv beeinflusst.

Fazit:
Besonders positiv zu vermerken ist, dass während dieser Arbeitsphase die Individualität jeder Gruppe deutlich erkennbar war. Jede Gruppe erstellte ihren eigenen „roman photo". Themen waren z.B. Liebeskummer, Freundschaft, Konflikte, Krimis, Fantasiegeschichten, Superspider, Geschichten mit Außerirdischen.
Rückblickend lässt sich sagen, dass sich mein Projektvorschlag als sehr schülernah erwiesen hat und meiner Klasse viel Raum für Kreativität und Entfaltungsmöglichkeiten ließ.

Nina Radke

⊙ Weitere Beispiele für bereits realisierte Projekte

Kleine Projekte (A)

Thema	Fächer	Klasse	Umfang in h
Planung und Durchführung einer Lesenacht	Deutsch, Bildende Kunst	5	10
Unsere Gedichtewerkstatt	Deutsch, Bildende Kunst	5	12
Wer sind wir? – Planung und Gestaltung einer Klassenzeitung	Deutsch, Bildende Kunst	5	12
Rund um den Regenwurm	Biologie	6	10
Feuer in der Frühgeschichte und heute	Geschichte, Physik	6	8
Erkundung des Lebens und Wirtschaftens auf dem Bauernhof	Biologie, Erdkunde	6	12
Teatime in Great Britain	Englisch, Hauswirtschaft	6	8
Zusammenleben verschiedener Kulturen	Erdkunde, Gemeinschaftskunde	6	8
Umweltschutz beginnt an der Schule – gemeinsam gegen Müll	Erdkunde, Gemeinschaftskunde	6	12
Das große Krabbeln – Spinnen unter der Lupe	Biologie, Physik	6	10
PISA an unserer Schule – die ganze Wahrheit	Mathematik, Deutsch	6/7	8
Wir produzieren ein Hörspiel	Deutsch, Musik	7	8
Was geht? – Wir machen eine Projekt-Zeitung	Deutsch	7	12
Jugend und Konsum – Jugend testet	Chemie, Biologie, Hauswirtschaftslehre	8	8
Herstellung eines Schulflyers in verschiedenen Sprachen	Deutsch, Englisch, Bildende Kunst, Informatik	8	12
Zeit und Zeitmessung	Mathematik, Physik, Sport	8	12
Datenerhebung rund um das Freizeitverhalten	Mathematik	8	8
Ein Buch entsteht	Deutsch, Bildende Kunst	8	12

Alltagsdrogen Nikotin und Alkohol	Biologie, Chemie	8	12
Les fêtes en France	Französisch	8	8
Befragung zum Thema Mode und Modeverhalten	Hauswirtschaft, Deutsch	9	10
5 Jahre Euro in Deutschland	Wirtschaftskunde, Gemeinschaftskunde	9	12

Mittlere Projekte (B)

Thema	Fächer	Klasse	Umfang in h
Die abenteuerliche Reise zu den Sternen	Musik, Deutsch, Bildende Kunst	5	15
Rund um den Apfel	Hauswirtschaftslehre, Biologie	6	14
Vorbereitung und Durchführung eines Schulsporttages	Sport	7	15
Spiele(n) im Unterricht – Von der Ideenfindung zur Herstellung	Geschichte, Technik	7	20
Untersuchung und Bewertung eines Fließgewässers	Biologie, Chemie, Mathematik	8	20
Our Schools – ein E-Mail-Projekt	Englisch	8	15
Spendenaktion für die Aids-Hilfe	Biologie, Sport	8	20
Renovierung des Schulteichs	Chemie, Biologie, Technik	8	25
Planung und Durchführung eines Berufsinformationstages	Gemeinschaftskunde, Deutsch	9	25
Trickfilm-/Animationsarbeit	Deutsch, Bildende Kunst	9	20

Die Beispiele zeigen, dass es eine Vielfalt von Themen gibt und es in jedem Fach und vor allem auch fächerübergreifend möglich ist, projektorientiert zu arbeiten.

„… und ist der Schüler nicht wenigstens die Hälfte
seines Weges alleine gegangen, so hat er nichts gelernt."
Sokrates (470–399 v. Chr.)

2

Lehrer und Schüler
im Projekt

Aufgaben des Lehrers im Projekt

In Projekten sollen Schüler weitgehend selbstständig arbeiten. Welche Aufgaben haben dann eigentlich Sie als Lehrer? Darüber besteht vielfach Unsicherheit. Wie eigenständig können Sie die Schüler arbeiten lassen? Sollen Sie eingreifen, wenn Sie sehen, dass Ihre Schüler mit ihrer Vorgehensweise scheitern werden?

Letztlich haben Sie[23] – wie auch im sonstigen Unterricht – die Verantwortung für Ihre Schüler. Es darf nicht dazu kommen, dass es unter den Schülern bei einem Projekt heißt: *„Da können wir wieder machen, was wir wollen."* Bei einem Projekt gibt es klare Ziele und Aufgaben für die einzelnen Projektteams.

⊚ Vom Projektleiter zum Projektbegleiter

Auch wenn die Schüler im Projekt möglichst selbstständig arbeiten, sind Sie als Lehrer Projektleiter. Nur in wenigen Fällen gibt es Schüler, die diese Aufgabe – teilweise – übernehmen können.

Zu Ihren Aufgaben gehört die Projektsteuerung, also
→ Termine und Kosten festzulegen und zu überwachen,
→ die Arbeit der Projektteams zu koordinieren,
→ Sitzungen zu moderieren,
→ Rahmenbedingungen zu schaffen, damit die Teams arbeiten können,
→ Mitverantwortung für das Erreichen der gesteckten Ziele zu übernehmen.

Bei projekterfahrenen Schülern werden Sie eher zum Projektbegleiter.

Vor allem in die inhaltliche Arbeit der Projektteams sollten Sie sich möglichst wenig einmischen, denn Schüler können nur in dem Maße eine selbstbestimmte Rolle im Projekt einnehmen, wie Sie bereit sind, sich nicht für alle Abläufe verantwortlich zu fühlen, sondern auch Verantwortung abzugeben.

---

[23] *Im Idealfall gibt es ein Lehrerteam, das hier dann jeweils gemeint ist.*

Nur so wird es möglich, dass sie demokratische Tugenden erwerben.
Nur wenn Sie Ihre Schüler ernst nehmen und ihnen etwas zutrauen, haben
diese auch die Chance, zu zeigen, was in ihnen steckt.

*Die Rolle des Projektbegleiters zu übernehmen und Freiräume zu
gewähren, ist für Sie vielleicht ungewohnt, denn sie erfordert Training.
Bei den ersten Projekten fiel es auch mir nicht immer leicht, möglichst
wenig einzugreifen und eigene Ideen zurückzuhalten, auch Konfliktphasen
und „Abseiler" zu ertragen.*

Wenn Sie noch wenig Erfahrung mit Projektarbeit haben und unsicher sind, wie viel Freiraum
Sie gewähren können, ist eine stärkere Lenkung
durchaus zu vertreten. Sie müssen Ihre Vorgaben
an den Voraussetzungen der Schüler orientieren.

Guido Bruggmann[24] verdeutlicht das sehr treffend
mit dem „Bilderrahmen". Der Rahmen, den Sie
vorgeben, muss breiter sein, wenn die Schüler
durch Alter oder Vorkenntnisse bedingt noch wenig Projekterfahrung haben (s. Abb. 1). Er kann
schmaler sein und sich auf wenige Vorgaben beschränken, wenn bereits umfassende Projektkom-
petenzen vorhanden sind (s. Abb. 2). Diese Kompetenzen können durch die
Projektarbeit allerdings auch in erheblichem Maße gefördert werden.

Abbildung 1:

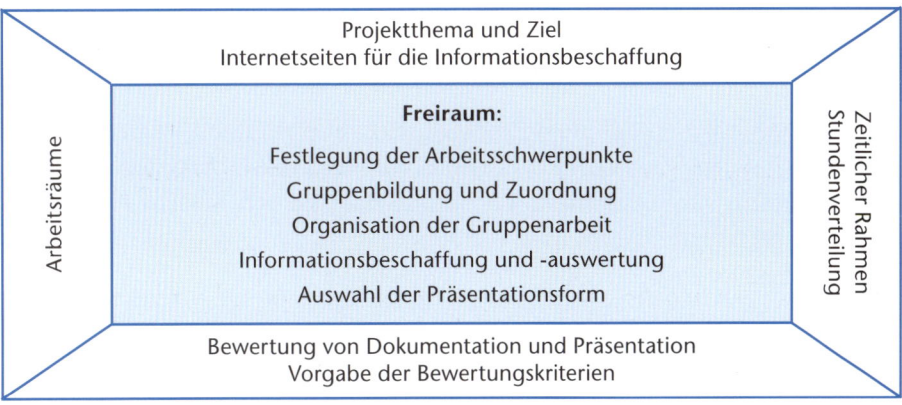

Projektthema und Ziel
Internetseiten für die Informationsbeschaffung

Freiraum:

Festlegung der Arbeitsschwerpunkte
Gruppenbildung und Zuordnung
Organisation der Gruppenarbeit
Informationsbeschaffung und -auswertung
Auswahl der Präsentationsform

Arbeitsräume

Zeitlicher Rahmen
Stundenverteilung

Bewertung von Dokumentation und Präsentation
Vorgabe der Bewertungskriterien

[24] *Informationen nach: Guido Bruggmann, Einführung in die Projektmethode, www.gute-schule.ch*

Abbildung 2:

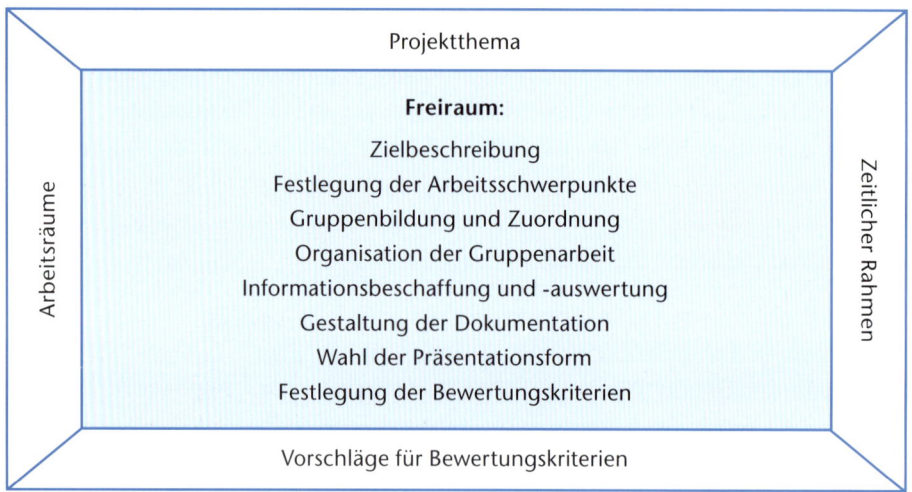

Auch als Projektbegleiter haben Sie vielfältige Aufgaben: In manchen Fällen werden Sie als Berater gefragt sein, vielleicht auch einmal als Streitschlichter.

Wenn Sie feststellen, dass Projektteams bereits Hilfe anfordern, wenn es eigentlich noch nicht nötig ist, können Sie die Anzahl der Beratungstermine beschränken und sie schriftlich unter Angabe von Gründen anfordern lassen. So können Sie die Fähigkeit Ihrer Schüler fördern, Konflikte selbstständig zu regeln und bei Schwierigkeiten erst einmal eigenständig nach Auswegen zu suchen.

◖ Beobachter und Bewerter

Da die Projektarbeit in den meisten Fällen benotet wird, gehören zu Ihren Aufgaben auch die Beobachtung der Schüler während des Arbeitsprozesses und die Bewertung ihrer Leistungen. Wichtig ist, dass Sie sich zeitliche Freiräume für das systematische Beobachten von Arbeits- und Gruppenprozessen schaffen, was im Lehrerteam erheblich leichter zu bewältigen ist.

Wenn Sie wenig Zeit finden, die Prozesse zu beobachten, können Sie entweder die Anzahl der Kriterien minimieren oder sich auf die Bewertung von Dokumentation bzw. Portfolio und/oder Präsentation beschränken. Vorschläge dazu werden Ihnen im Kapitel „Projektabschluss" auf S. 123 vorgestellt.

☺ Tipps von Schülern für Lehrer

Auf die Frage an die Schüler einer 8. Klasse, die bereits Erfahrung mit Projektarbeit hatten, was sie einer Klasse samt ihren Lehrern für Tipps geben würden,
wenn sie ein Projekt durchführen wollen, ergab die Zusammenfassung der
Antworten Folgendes:

→ Schüler sollen sich das Thema – ein interessantes – selbst aussuchen.
→ Informationen sollen sie sich selbst besorgen. Dabei können sie auch
  Lehrer oder andere Personen um Hilfe bitten.
→ Sie sollen darauf achten, dass jede Meinung in der Gruppe zählt.
→ Konflikte in der Gruppe müssen offen angesprochen werden, und das
  ist manchmal schwer. Sie müssen die „Teamuhr"[25] kennen, damit sie wis-
  sen, dass es Konflikte geben wird und dass diese mit gegenseitiger Unter-
  stützung zu bewältigen sind.

☺ Auswirkungen von Projektarbeit auf den Unterricht

Wenn es Ihnen gelingt, nach Abschluss des Projekts Teile der neu gewon-
nenen Kompetenzen in den Unterrichtsalltag zu übernehmen, wird dies das
Handlungsrepertoire dauerhaft erweitern und letztlich auch Auswirkungen
auf das tägliche Miteinander haben.

Auch das können Sie bei der Arbeit in Projekten mit Schülern erfahren:
→ Einige entwickeln erstaunliches Engagement und sind bereit, sich über
  das übliche Maß hinaus einzubringen.
→ Manche eher zurückhaltende Jungen und Mädchen bringen sich viel
  mehr ein als im üblichen Unterricht.
→ Es gibt Spezialisten, z.B. für eine besonders sorgfältige Führung der
  schriftlichen Unterlagen.
→ Bei einigen zeigt sich eine wachsende Selbstständigkeit darin, Sitzungen
  zu moderieren, Anschreiben zu formulieren und Umfragen durchzuführen,
  ohne dass sie in besonderem Maße darauf vorbereitet worden wären.

Bei der Arbeit in Projekten befinden Sie sich mit den Schülern „auf gleicher
Augenhöhe", so könnte man das bildlich formulieren. Die Schüler arbeiten
weitgehend selbstständig und übernehmen zunehmend die Verantwortung
für den Verlauf des Projekts.

---

[25] s. Kap. Teamkompetenz fördern S. 75/76

Für Herbert Gudjons *„spiegelt sich darin die politische Wurzel des Projektgedankens unmissverständlich wider. Projektunterricht zielt damit auf demokratisches Handeln in Schule und Gesellschaft."* [26]

Voraussetzungen der Schüler

Damit Projekte in der Schule erfolgreich durchgeführt werden können, müssen nicht nur Sie als Lehrer, sondern auch die Schüler auf diese Arbeitsform vorbereitet werden.

Es trifft zu, was **Karl Frey** dazu äußert: *„Die Projektmethode ist eine recht komplizierte Unterrichtsform, wenn man alle Komponenten und deren Elemente berücksichtigen will. Sie muss, wie anderes auch, erlernt werden."* [27]

Vorbereitung der Präsentation

Deshalb finden Sie in der Übersicht auf S. 54 die grundlegenden Bausteine, die für die Arbeit in Projekten erforderlich sind. Allerdings ersetzen sie keinesfalls ein **Kompetenz- oder Projektcurriculum**. Viele Schulen haben sich bereits auf den Weg gemacht und entsprechende Curricula entwickelt, die festlegen, in welcher Klassenstufe welche Grundkompetenzen gelegt werden. Wenn **Methoden- und Teamtraining** zum festen Bestand Ihrer Schule gehören und die Schüler wichtige Voraussetzungen bereits mitbringen, lässt sich die Projektarbeit erheblich effizienter und erfolgreicher gestalten.

Das geht aus einer Dokumentation der Integrierten Gesamtschule Flensburg hervor, für die POL – Projektorientiertes Lernen – ein wesentlicher Bestandteil des Schulprofils ist. Sie hat ein beeindruckendes Konzept dazu entwickelt. [28]

[26] Gudjons, Herbert S. 69
[27] Frey, Karl; div.: Arbeitsunterlagen zur Vorlesung „Allgemeine Didaktik", ETH Zürich, 1989
[28] POL – Projektorientiertes Lernen, eine Dokumentation. – Juli 2002

⊙ Grundlegende Kompetenzen

„Das muss aber niemanden hindern, zunächst nur mit einzelnen Komponenten oder mit der Grundidee zu beginnen. Die Schulpädagogen sprechen dann von einem projektartigen Unterricht."[29] Das ist sicher sinnvoll, damit die Schüler schrittweise Projektkompetenz erwerben können.

Wichtig ist, dass Sie wissen, welche Kompetenzen die Schüler für die Projektarbeit benötigen, um sie dann entsprechend vorbereiten zu können.

Für die Projektarbeit sind drei Kompetenzbereiche von wesentlicher Bedeutung:
→ Personalkompetenz,
→ Teamkompetenz,
→ Methodenkompetenz.

Diese überfachlichen Kompetenzen, auch als Schlüsselkompetenzen bezeichnet, sind in einem gewissen Umfang Voraussetzung, wenn Sie mit Schülern ein Projekt durchführen möchten. Sie werden durch diese Arbeitsform allerdings auch in besonderem Maße gefördert.

Eine wichtige Grundlage bildet die Personalkompetenz, denn durch das weitgehend selbstständige Arbeiten übernehmen die Schüler zunehmend mehr Verantwortung. Sie entwickeln Durchhaltevermögen und können zeigen, dass sie engagiert, zuverlässig und gewissenhaft arbeiten können. Die Personalkompetenz entwickelt sich im Verlauf eines Projekts auch mit zunehmender Methoden- und Teamkompetenz, die Sie durch spezielle Bausteine fördern können.

Die folgende Übersicht verdeutlicht, welche Methoden- und Teamkompetenzen in den einzelnen Phasen für die Arbeit in Projekten erforderlich sind. Sie beschreibt die grundlegenden Bausteine, die die Schüler vorher oder während des Projekts erwerben sollten.

Allerdings sollten Schüler, mit denen Sie in ein Projekt starten, möglichst erste Erfahrungen mit Gruppenarbeit gemacht haben. Zumindest sollten sie wissen, wie sie die Arbeit in der Gruppe organisieren können.

---

[29] *Frey, Karl; div.: Arbeitsunterlagen zur Vorlesung „Allgemeine Didaktik", ETH Zürich, 1989*

⊘ Bausteine für die Projektarbeit

In der folgenden Übersicht werden Arbeitsschritte vorgestellt, die die Schüler
im Projekt durchlaufen. Sie benötigen außer Personalkompetenz Team- und
Methodenkompetenz, die sie nach und nach entwickeln und verbessern können.

Phasen	Methodenkompetenz	Teamkompetenz
Vorbereitung	× Thema auswählen × Durchführbarkeit überprüfen × Ziel beschreiben × Projektmappe anlegen	× Teamprozesse kennen lernen × Teamkompetenz trainieren × Teamprozesse reflektieren
Planung	× Projektstrukturplan entwickeln × Projektablaufplan erstellen × Gruppenziele formulieren × Gruppenarbeitspläne erstellen	× Arbeitsgruppen bilden × Gruppenidentität entwickeln
Durchführung	× Informationen einholen und auswerten × Projektfortschritt überprüfen	× Teamarbeit organisieren × Konflikte managen
Abschluss	× dokumentieren × präsentieren × bewerten × evaluieren	× im Team präsentieren × Teamprozess evaluieren

Methodenkompetenz

An vielen Schulen gibt es Methodentage, bei denen die Kollegen mit den Schülern verschiedene Methoden einüben und trainieren, damit die Schüler lernen, diese anzuwenden und selbstständig in Gruppen zu arbeiten.

Vorbereitung	
× Thema auswählen	**Brainstorming:** Kartenabfrage, Placemat
× Durchführbarkeit überprüfen	**Auswahl treffen:** Schneeball, Trichtermethode
× Ziel beschreiben	**Zielbeschreibung:** SMART-Regel, „Unsere Vision"
× Projektmappe anlegen	**Projektmappe:** Thema und Ziel, Protokolle
Planung	
× Projektstruktur- und Ablaufplan entwickeln	**Struktur- und Ablaufplan:** Arbeitspakete, Projektverlauf, Meilensteine
× Gruppenziele formulieren	**Zielformulierung:** Unsere Ziele
× Gruppenarbeitspläne erstellen	**Gruppenarbeitspläne:** Wer? Was? Wann?
Durchführung	
× Informationen einholen und auswerten	**Recherche:** Bibliotheken, Internet, Museen …
	Befragungen: Umfrage und Interview
	Auswertung: Texte, Diagramme, Bilder …
× Projektfortschritt überprüfen	**Zwischenberichte**
Abschluss	
× dokumentieren	**Dokumentation/Portfolio:** Inhalt, Gestaltung, Reflexion
× präsentieren	**Präsentieren:** Rahmenbedingungen, Präsentationsformen, Regeln
× bewerten	**Bewertung:** Produkt/Ergebnis, Dokumentation, Präsentation
× evaluieren	**Evaluation:** kritische Analyse des Herstellungsprozesses

➲ Teamkompetenz

Eine wichtige Voraussetzung für die Arbeit in Projekten ist die Fähigkeit, in Gruppen arbeiten zu können. Welche Kompetenzen in den verschiedenen Phasen eines Projekts benötigt werden, zeigt die folgende Übersicht.

Vorbereitung	
× Teamprozesse kennen lernen × Teamkompetenz trainieren × Teamprozesse reflektieren	**„Teamuhr":** Kenntnis von gruppendynamischen Prozessen **Kooperative Spiele:** Wahrnehmung, Vertrauen, Kooperation **Reflexionsmethoden**
Planung	
× Gruppen bilden × Gruppenidentität entwickeln	**Themen-/Interessen-/Zufallsgruppen:** eher heterogen **Freundschafts-/Neigungsgruppen:** meist homogen **Gruppenidentität entwickeln:** Name, Logo, Gruppenporträt
Durchführung	
× Teamarbeit organisieren × Konflikte managen	**Funktionen:** Zeitwächter, Gesprächsleiter, Schriftführer, Streitschlichter **Regeln** für den Umgang und die gemeinsame Arbeit, Fahrplan und Protokoll **Konfliktmanagement:** Auszeit, Einschätzungsbogen
Abschluss	
× Im Team präsentieren × Im Team evaluieren	**Inhalte:** Abstimmung der Arbeitsschwerpunkte **Gestaltung:** Auswahl der Methoden, Interaktion und Moderation **Einfache Evaluationsmethoden:** Punkteblitzlicht, Stimmungsbarometer, Strahl ... **Aufwändigere Formen:** Selbst- und Fremdbewertungsbögen, Projekttagebuch ...

Kompetenzzuwachs durch Projektarbeit

Projekte sind „*neuartige, kreative und komplexe Aufgaben mit hohem Schwierig-keitsgrad*"[30] und somit eine Herausforderung für alle Beteiligten. Da jedes Projekt einmalig ist, helfen Standardlösungen oft nicht weiter.

Es kommen **vielfältige Begabungen** zum Tragen, die im sonstigen Unterricht oft keine Rolle spielen, die aber erforderlich sind, um das Leben handlungs-kompetent zu meistern.

➋ Theorie der multiplen Intelligenzen

Howard Gardner verdeutlicht in seiner Theorie, dass der klassische Intelligenz-begriff den Menschen in ihrer Vielfältigkeit und Unterschiedlichkeit nicht gerecht wird. Nach seiner Erkenntnis gibt es

→ linguistische Intelligenz,
→ musikalische Intelligenz,
→ logisch-mathematische Intelligenz,
→ räumliche Intelligenz,
→ körperlich-kinästhetische Intelligenz.[31]

(→ sprachliche Ontelligenz)

Dazu ergänzt er die **personale Intelligenz**, die er nochmals untergliedert:

→ **interpersonale Intelligenz:** die Fähigkeit, andere Menschen zu verstehen, mit anderen zu kommunizieren und zu kooperieren,
→ **intrapersonale Intelligenz:** die Fähigkeit, sich selbst mit seinen Stärken und Schwächen richtig einzuschätzen – eine wichtige Voraussetzung für die Zusammenarbeit mit anderen Menschen.[32]

Für die Arbeit in Projekten sind die personalen Intelligenzen von besonderer Bedeutung, denn ein wesentlicher Schwerpunkt ist die gelingende Kooperati-on mit anderen Menschen. Um mit anderen effektiv zusammenarbeiten zu können, muss der Einzelne in der Lage sein, mit anderen Menschen zu kom-munizieren und sich selbst mit seinen Stärken und Schwächen richtig einzu-schätzen.

---

[30] *Sliwka, Anne S. 20*
[31] *Gardner, Howard S. 77ff.*
[32] *Ebd. S. 219 ff.*

⊘ Erwerb von „Megaskills"

Durch die Arbeit in Projekten werden fachliche und überfachliche Kompetenzen, so genannte „Megaskills"[33], erworben.

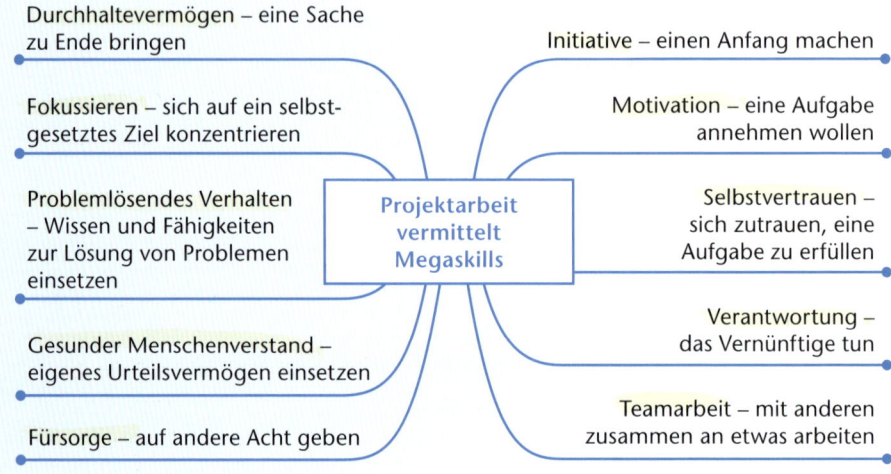

Durchhaltevermögen – eine Sache zu Ende bringen

Initiative – einen Anfang machen

Fokussieren – sich auf ein selbstgesetztes Ziel konzentrieren

Motivation – eine Aufgabe annehmen wollen

Problemlösendes Verhalten – Wissen und Fähigkeiten zur Lösung von Problemen einsetzen

Projektarbeit vermittelt Megaskills

Selbstvertrauen – sich zutrauen, eine Aufgabe zu erfüllen

Gesunder Menschenverstand – eigenes Urteilsvermögen einsetzen

Verantwortung – das Vernünftige tun

Fürsorge – auf andere Acht geben

Teamarbeit – mit anderen zusammen an etwas arbeiten

Dass die Projektarbeit für den Erwerb dieser Kompetenzen prädestiniert ist, bestätigt die **Auswertung der schriftlichen Befragung** einer 8. Klasse nach einem umfangreichen JUNIOR-Projekt, bei dem Kochbücher produziert und vermarktet wurden.
Die Begriffe wurden nicht vorgegeben, sondern von den Schülern selbst formuliert, hier aber zur besseren Übersichtlichkeit vereinheitlicht.

Nach eigenen Aussagen haben die Schüler gelernt
→ im Team zu arbeiten,
→ besser zu präsentieren,
→ wirtschaftliche Zusammenhänge zu verstehen,
→ Verantwortung zu übernehmen,
→ mit Geld umzugehen,
→ Ideen einzubringen,
→ Kompromisse einzugehen,
→ verlässlich und sorgfältig zu arbeiten,
→ Respekt vor anderen zu haben.

---

[33] *Sliwka, Anne S. 22*

Das Projekt hat außerdem ihr Selbstbewusstsein, Durchsetzungsvermögen und Durchhaltevermögen gestärkt.

● Projekte als Vorbereitung auf die Berufswelt

Eine immer größere Rolle spielen Projekte in der Wirtschaft, weil die zunehmende Komplexität der Aufgabenstellungen nicht von einzelnen Fachkräften bewältigt werden kann. Immer mehr Mitarbeiter von verschiedenen Abteilungen sind in eine Projektgruppe eingebunden.

Die Auszubildenden werden in vielen Firmen bereits auf diese Arbeitsform vorbereitet. Es gibt Sparkassen, die als Projekt Azubi-Filialen einrichten. Eine Filiale wird für eine festgelegte Zeit den Auszubildenden übergeben, die auch die Leitung übernehmen.

Ein Autohersteller hat die Ausbildung in zwei Teile untergliedert: Im ersten Abschnitt wird über zwei Jahre im Wesentlichen Fachwissen vermittelt. Im zweiten Abschnitt, der 1½ Jahre umfasst, entwickeln die Auszubildenden in Teams entweder ein eigenes Projektthema oder bearbeiten einen Projektauftrag. Sie können dabei ihr Fachwissen anwenden und durch die Arbeit in der Projektgruppe Schlüsselqualifikationen erwerben: *„In ihr müssen Informationen gesammelt, ausgetauscht und bewertet, Planungen erstellt und diskutiert, Entscheidungen getroffen und wieder in Frage gestellt werden."* [34]

Die Arbeit in einer Projektgruppe umfasst also Aufgaben, die in einem schulischen Projekt bereits trainiert werden können. Sie fördern den Erwerb von Handlungskompetenz.

Die Erkenntnisse über die veränderten Arbeitsweisen und Anforderungen in den Unternehmen haben in das Bildungssystem noch nicht genügend Eingang gefunden.

Projektarbeit muss deshalb im schulischen Bereich zunehmend an Bedeutung gewinnen.

Ein Beispiel dafür ist der Grundsatzerlass zum Projektunterricht des österreichischen Bildungsministeriums. Dort werden als vorrangige Ziele des Projektunterrichts genannt:

→ selbstständiges Lernen und Handeln,
→ eigene Fähigkeiten und Bedürfnisse erkennen und weiterentwickeln,

---

[34] *Landmesser, M. u.a.: Anforderungen der Wirtschaft an die Hochschulen, S. 2*

→ Handlungsbereitschaft entwickeln und Verantwortung übernehmen,
→ ein weltoffenes, gesellschaftlich-historisches Problembewusstsein ausbilden,
→ kommunikative und kooperative Kompetenzen sowie Konfliktkultur entwickeln,
→ organisatorische Zusammenhänge begreifen und gestalten.

Hier kommt ein weiterer wesentlicher Aspekt dazu: die gesellschaftlich-politische Seite wird explizit genannt. Es geht bei der Projektarbeit um den Erwerb demokratischer Denk- und Handlungsweisen.

Diese Ziele des Projektunterrichtes werden in ähnlicher Weise in den Thesen der UNESCO-Kommission zum Thema „Lernfähigkeit: Unser verborgener Reichtum" als die vier Säulen der Bildung bezeichnet.[35]

→ Learning to know: Erwerb einer umfassenden Allgemeinbildung, grundlegenden spezifischen Fachwissens, Bereitschaft für lebenslanges Lernen.
→ Learning to do: Praktische Erprobung der Fähigkeiten, Erlangen von Handlungskompetenz.
→ Learning to live together: Toleranz, Kooperation, friedliche Lösung von Konflikten.
→ Learning to be: Bereitschaft zur Übernahme von Verantwortung, Nutzung der eigenen Fähigkeiten, Selbstständigkeit und Urteilsvermögen.

Bei der Arbeit in Projekten arbeiten die Schüler in der Regel in Teams. Das fördert ihre Fähigkeiten, miteinander zu kommunizieren, aufeinander Rücksicht zu nehmen, konstruktive Kritik zu üben und Konflikte mit friedlichen Mitteln auszutragen. Heterogene Lerngruppen ermöglichen in besonderem Maße intensive und nachhaltige Lernerfahrungen. Jeder Schüler kann sich mit seinen Fähigkeiten und Kenntnissen einbringen und damit die Arbeit der Gruppe bereichern.

„Durch die gemeinsame, problemorientierte Auseinandersetzung mit einer komplexen Aufgabe in allen Arbeitsphasen werden Fähigkeiten in Planung, Analyse, Problemlösung sowie übergreifendes Denken und die Dokumentationsfähigkeit vermittelt und erweitert."[36]

---

[35] UNESCO-Bericht S. 18/19
[36] ebd.

Damit wird deutlich, wie wichtig die Projektarbeit für Schüler ist. Sie ermöglicht ihnen in besonderem Maße, Kompetenzen zu erwerben, die sie auf die Berufswelt und das Leben in der demokratischen Gesellschaft vorbereiten.

Schüler einer 8. Klasse wurden nach einem umfangreichen Projekt schriftlich befragt: *„Was hast du persönlich an Verhaltensweisen dazugelernt, z.B. Lernen und Arbeiten im Team, Auftreten vor anderen, Selbstbewusstsein, Rücksichtnahme, Engagement, Umgang mit anderen etc.?"*

Die Auswertung ergab folgendes Ergebnis:
- → Durch die Gruppenarbeit lernt man sich besser kennen.
- → Der Umgang miteinander hat sich verbessert.
- → Gruppenarbeit macht mehr Spaß als Einzelarbeit, doch ist es wichtig, alles erst alleine zu versuchen, dann kommt nachher in der Gruppe mehr heraus.
- → Man darf niemanden ausschließen und muss aufeinander Rücksicht nehmen.
- → Gruppenarbeit bringt einen weiter, führt zu mehr Selbstbewusstsein. Man traut sich danach eher, vor anderen zu sprechen.
- → Zusammen kann man viele Probleme lösen, was man alleine nicht immer schafft.

Ein Projektteam hat noch ergänzt:
Unser Motto: Einer für alle, alle für einen. Oder: Gemeinsam sind wir stark.

Diese Befragung unterstützt die Bedeutung der Projektarbeit für Schüler und bestätigt das Zitat von Anne Sliwka: „Projektarbeit ist Entwicklungsarbeit und Entwicklung ist Lernen."[37]

---

[37] *Sliwka, Anne, S. 20*

Wenn man das Ziel nicht weiß,
kann man den Weg nicht finden.
Sprichwort

3

Projektverlauf

Vorbereitung

„Wenn du wenig Zeit zur Verfügung hast, dann nimm dir am Anfang viel davon."

Ruth Cohn

Ihre Schüler haben erfahren, dass Sie mit ihnen ein Projekt durchführen werden, und freuen sich schon darauf. In dieser Vorbereitungsphase fällt eine wichtige Entscheidung, die den Projektverlauf nachhaltig beeinflussen wird: Wird ein Thema ausgewählt, für das sich Ihre Schüler mehrheitlich begeistern können? Für diese Phase müssen Sie genügend Zeit einplanen.

Führen Sie bereits vor Beginn der Vorbereitungsphase oder gleich danach ein Teamtraining mit den Schülern durch! Damit werden sie aufeinander eingestimmt und lernen zu kooperieren, was später die Zusammenarbeit erleichtert.

Arbeitsschritte:
1. **Thema auswählen**
2. **Durchführbarkeit überprüfen**
3. **Ziel beschreiben**
4. **Projektmappe anlegen**
5. **Teamkompetenz fördern**

1. Thema auswählen

Es gibt ein breites Spektrum von Themen, um mit Schülern in die Projektarbeit einzusteigen. Dabei müssen Sie bedenken: Mit der Entscheidung für ein Thema steht und fällt oftmals die Motivation für das gesamte Projekt. Das dürfen Sie nicht unterschätzen.

Wenn die Schüler das Thema zu ihrem Thema machen können, werden sie nachher auch entsprechend motiviert sein.

Manchmal können die Schüler das Thema für ein Projekt völlig frei wählen. Das ist z.B. an den Schulen möglich, wo über das Jahr verteilt so genannte **Projektwochen** durchgeführt werden.

BEISPIEL

In einer 8. Klasse haben einige Schüler durch den Konfirmandenunterricht Kontakt zu Altenheimen bekommen. Sie würden diese Kontakte gern weiter ausbauen und schlagen der Klasse vor, sich zu überlegen, wie sie den alten Menschen eine Freude machen und ihnen Unterhaltung bieten könnten. Sie stoßen auf positive Resonanz.

Die Projektwochen werden an vielen Schulen dazu genutzt, um mit den Schülern einen **Schullandheimaufenthalt** oder eine **Studienreise** vorzubereiten.

BEISPIEL

Die Schüler der 8. Klasse erarbeiten Grundsätze für die Durchführung ihres Schullandheimaufenthalts. Sie legen den Kostenrahmen und den Zeitplan für die Durchführung fest und formulieren ihre Interessen. Anschließend recherchieren sie entsprechend den selbsterstellten Vorgaben, legen das Ziel fest und übernehmen in verschiedenen Arbeitsgruppen die Organisation der Fahrt.

Manchmal ergibt sich das Thema für ein Projekt durch den **Unterricht** bzw. die **Vorgaben aus den Bildungsplänen**. Die Schüler haben Interesse daran, ein Thema weiter zu vertiefen, und schlagen entsprechende Möglichkeiten vor.

BEISPIEL

Beispiel aus dem Fächerverbund Erdkunde-Wirtschafts-kunde-Gemeinschaftskunde Kl. 6[38]: *„Die Schülerinnen und Schüler können anhand von Betriebsbeispielen Zusammenhänge der landwirtschaftlichen Produktion in ihrer Abhängigkeit von Naturraum und Markt erklären".* Daraus entsteht durch die Initiative einiger Schüler der Vorschlag für ein Projekt, bei dem sie die Erkundung verschiedener Bauernhöfe vorbereiten und dafür verschiedene Arbeitsschwerpunkte entwickeln.

Viel Gestaltungsspielraum für die Entwicklung von Projektideen bieten die **Themenorientierten Projekte (TOPe)**, die an den Realschulen in Baden-Württemberg für alle Schüler verpflichtend sind. Dazu gehören Technisches Arbeiten (TOP TA), Soziales Engagement (TOP SE), Berufsorientierung an Realschulen (TOP BORS) und Wirtschaften, Verwalten und Recht (TOP WVR).[39]

BEISPIEL

Beispiele für das Themenorientierte Projekt Wirtschaften, Verwalten und Recht (TOP WVR): Schüler ...

→ *bereiten ein Schulfest vor.*
→ *organisieren einen Spendenlauf.*
→ *produzieren und vermarkten Kochbücher.*
→ *organisieren Computerkurse für Senioren.*
→ *gestalten ein Jahrbuch für die Schule.*
→ *organisieren eine Lesenacht.*
→ *übernehmen Dienstleistungen für ältere Menschen.*
→ *organisieren einen T-Shirt-Verkauf.*
→ *richten ein Schülercafé ein.*

Weitere Anregungen für Projektthemen ergeben sich durch Ausschreibungen von **Wettbewerben** durch verschiedene Institutionen.[40]

---

[38] *Bildungsplan 2004 Realschule Baden-Württemberg S. 121*
[39] *ebd. S. 188 ff.*
[40] *www.bundeswettbewerbe.de*

BEISPIEL

Ausgewählte Beispiele:

→ **www.geschichtswettbewerb.de**
Der Geschichtswettbewerb des Bundespräsidenten ist der größte
historische Forschungswettbewerb für Kinder und Jugendliche in
Deutschland und startet in der Regel im September mit dem neuen
Wettbewerbsthema.

→ **www.demokratisch-handeln.de**
Demokratisch handeln – ein Wettbewerb für Schule und Jugend.
Gesucht werden Projekte, bei denen es um praktische Erfahrungen
und handlungsorientierte Auseinandersetzung mit Demokratie und
Politik geht.

→ **www.jugend-forscht.de**
Beim Wettbewerb „Jugend forscht" kann das Thema frei gewählt
werden, es muss sich jedoch einem der sieben Fachgebiete zuordnen lassen: Arbeitswelt, Biologie, Chemie, Geo- und Raumwissen-
schaften, Mathematik/Informatik, Physik oder Technik.

→ **www.jugendhilft.de**
JUGEND HILFT! ist eine Initiative der Kinderhilfsorganisation
Children for a better World und fördert das soziale Engagement
von Kindern und Jugendlichen.

TIPP

Tipp für Realschulen in Baden-Württemberg: www.nanu-bw.de
„,NANU?!'– Neues aus dem naturwissenschaftlichen Unterricht" ist ein
Wettbewerb, der naturwissenschaftliche Fragestellungen und Arbeitswei-
sen im Unterricht an Realschulen fördern will und Lehrer ermutigt, im na-
turwissenschaftlichen Unterricht durch mehr Schülerorientierung, Teamar-
beit, Formen freien Arbeitens und durch die Projektmethode innovative
Wege zu gehen.

Häufige Anlässe für Projektthemen sind außerdem **Jahrestage** geschichtlicher Ereignisse oder auch **Geburts- oder Todestage** von berühmten Persönlichkeiten.

BEISPIEL

→ x Jahre nach dem Mauerfall
→ Jahrestag des 11. Septembers
→ Jahrestag der Einführung des Euros
→ Schillers x. Geburtstag
→ Astrid Lindgrens x. Todestag
→ ...

Wenn die Schüler das Thema selbst aussuchen oder eine Auswahl aus mehreren Themen treffen können, ist der Einsatz von Brainstorming-Methoden sinnvoll.

Für die Entwicklung der Ideen sollten Sie möglichst wenig Vorgaben machen. Die Kreativität wird sonst zu sehr eingeschränkt, denn mancher Vorschlag, der zuerst nicht machbar erscheint, kann bei hoher Motivation vielleicht doch realisiert werden.

TIPP

a) Kartenabfrage mit Schneeball [41]

Anmerkung:
Die Methode ist gut geeignet, um sich bei einer Vielzahl von Ideen auf die zu konzentrieren, die das meiste Interesse finden.

Material:
Notizblatt und Stift für jeden Schüler, je 1 Marker und 5 Moderationskarten für jede Sechsergruppe, Pinnwand und Nadeln oder magnetische Tafel und Magnete

---

[41] *Vgl. Klein, Kerstin „So erklär ich das!" S. 30 f.*

Anleitung:

→ Jeder Schüler schreibt drei Projektideen (Zahl ist variabel) auf sein Notiz-blatt.

→ Jeder sucht sich einen Partner, einigt sich mit ihm auf die drei wichtigsten der gemeinsamen sechs Ideen und schreibt diese auf.

→ Drei Paare finden sich mit ihren jeweils drei Ideen zusammen und einigen sich auf fünf, die gut lesbar auf Moderationskarten notiert werden.

→ Die Karten werden an die Pinnwand oder Tafel geheftet oder auf dem Boden ausgelegt (Doppelungen übereinander), von den Gruppen vor-gestellt und diskutiert.

● Jeder notiert sich 3 Projektideen

 Zu zweit: Einigung auf 3 Ideen

Drei Paare: Einigung auf 5 Ideen

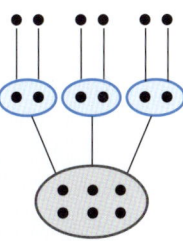

So kann die Methode bei 25 Schülern umgesetzt werden:

→ Mit den Ideen, die am meisten Interesse finden, wird weiter gearbeitet. Der nächste Schritt ist bei der „Trichtermethode" beschrieben (s. S. 71).

● Jeder notiert sich 3 Projektideen

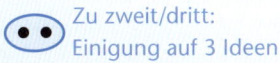 Zu zweit/dritt: Einigung auf 3 Ideen

 4 Großgruppen: Einigung auf 5 Ideen

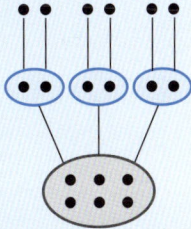
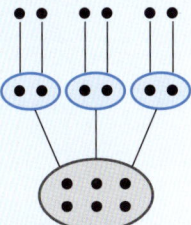
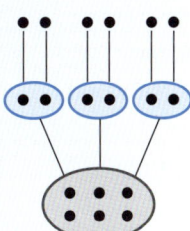
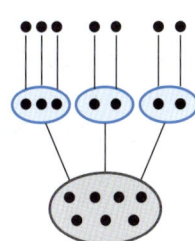

b) Placemat (zu Deutsch: Tischset) Activity

Anmerkungen:
Bei dieser Methode aus dem kooperativen Lernen hat erst einmal jeder Schüler die Möglichkeit, für sich alleine Ideen zu entwickeln. Durch den sich anschließenden Austausch und die Einigung auf die interessantesten Vorschläge werden bereits die Vor- und Nachteile deutlich.

Material:
Für jede Gruppe von 4–6 Schülern: Tisch mit Stühlen
Auf jedem Tisch: 1 Papierbogen in DIN A2 oder A3 und für jeden
Schüler 1 Stift
Von Vorteil für die Organisation ist es, die Tische kreisförmig anzuordnen.

Anleitung:
→ Jede Gruppe verteilt sich um einen Tisch mit dem Papierbogen, zeichnet ein Oval oder Rechteck in die Mitte und teilt das Blatt anschließend nach Anzahl der Personen in möglichst gleich große Felder ein.
→ Jeder schreibt nun ca. 5–8 Minuten lang Ideen für mögliche Themen in sein Feld und stellt sie anschließend den Gruppenmitgliedern vor.
→ Die Gruppe einigt sich auf eine Anzahl von z.B. 3 Ideen und schreibt diese in das Oval in der Mitte.
→ Anschließend informieren sich die Schüler über die Ergebnisse der anderen Gruppen, indem sie auf ein Zeichen hin von Tisch zu Tisch gehen und die Vorschläge diskutieren (Zeitvorgabe: 3–5 Min.). Ein Schüler bleibt beim eigenen „Tischset", um die Vorschläge vorzustellen. Nach jeweils einer Runde wird gewechselt, damit jeder sich über die Ergebnisse der anderen Gruppen informieren kann.
→ Die Gruppen kehren zu ihrem „Tischset" zurück, ergänzen, reduzieren oder korrigieren evtl. ihre Vorschläge.
→ Abschließend werden die interessantesten Vorschläge auf Karten festgehalten.
→ Auch hier gilt: Der nächste Schritt wird bei der „Trichtermethode" beschrieben (s. S. 71).

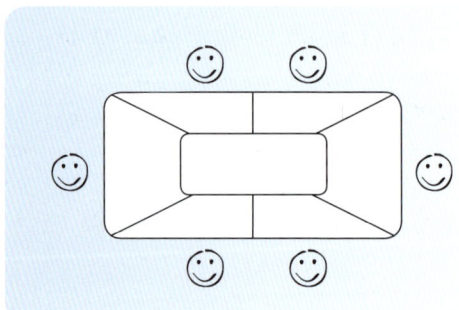

2. Durchführbarkeit überprüfen

Einige Themenvorschläge sind in die engere Wahl gekommen, ohne dass Sie die Schüler bei der Auswahl zu sehr eingeschränkt haben. Bevor sie jedoch endgültig über die Vorschläge abstimmen, müssen Sie gemeinsam die **Rahmenbedingungen** für das Projekt festlegen. Erst im Anschluss daran kann entschieden werden, welches Thema unter den gegebenen Voraussetzungen machbar ist. Bei den Rahmenbedingungen, die bei der Durchführung des Projekts eine Rolle spielen, kann es sich um **zeitliche und räumliche Festlegungen** handeln, um die **finanziellen Möglichkeiten** oder auch die **vorhandenen Kompetenzen**. Vorgaben für die Realisierung einer Projektidee können von den Schülern gesammelt und von Ihnen, wenn erforderlich, ergänzt werden.

Trichtermethode [42]

Material:
→ Pinnwand und Pinnnadeln (oder magnetische Tafel und Magnete)
→ 1 Bogen Flipchart- oder Packpapier
→ Moderationskärtchen und breite Marker

Anleitung:
→ Die nach der Schneeball- oder Placemat-Methode ausgewählten Ideen werden oben in den Trichterhals gegeben.

Sie sollten gleich zu Beginn mit den Schülern vereinbaren, dass mindestens zwei Drittel der Klasse für ein Thema stimmen müssen, weil sonst die Motivation fraglich ist. Die Festlegung des Themas entscheidet oft über den Projektverlauf!

→ Dann werden die Kriterien bzw. die vorgegebenen Rahmenbedingungen zusammengetragen, die berücksichtigt werden müssen, damit das Projekt stattfinden kann. Sie werden seitlich am Trichterhals vermerkt, z.B. Zeitrahmen, Materialien, vorhandene Kenntnisse, finanzieller Rahmen.
→ Die Themenvorschläge werden nun von den einzelnen Gruppen vorgestellt. Es wird überlegt, ob sie den Vorgaben standhalten, und argumentiert, warum sie ausgewählt werden sollten.

---

[42] *Entwickelt von Bernd Knödler, Fachleiter am Seminar Ludwigsburg (Realschule)*

→ Bei stichhaltiger Argumentation werden die Ideen, die die meisten Befürworter mit den besten Argumenten finden, in Richtung Trichterhals geschoben.

→ Vor der endgültigen Abstimmung sollten Sie evtl. Zeit für eine Recherche geben, denn je nach Thema sollten die Schüler sich darüber Gedanken machen und Erkundigungen einziehen können.

→ Nur eine Idee kann schließlich passieren.

Um das Verfahren nicht zu sehr in die Länge zu ziehen, können Sie für die einzelnen Ideen schließlich auch Punkte vergeben lassen. Bei mehr als 3 Vorschlägen sollte jeder Schüler 2 Stimmen haben.

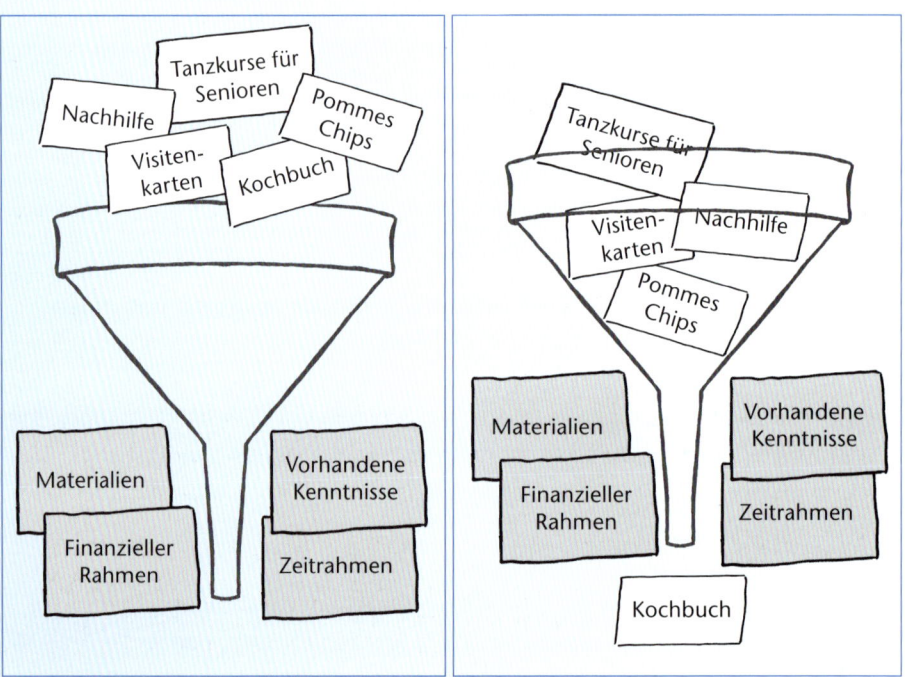

BEISPIEL

In diesem Fall entscheidet sich die Klasse dafür, ein Kochbuch zu produzieren und zu vermarkten.

3. Ziel beschreiben

Konkrete, für alle klar und verständlich beschriebene Ziele sind eine wichtige Grundlage für den Projektverlauf. Sie motivieren und geben Orientierung. Damit sie immer wieder überprüft und gegebenenfalls korrigiert werden können, müssen sie für alle sichtbar schriftlich festgehalten werden. So können die Schüler sie nicht aus den Augen verlieren.

Im Projektmanagement ist die SMART-Formel gebräuchlich. Die Ziele müssen folgenden Anforderungen genügen:

S – pezifisch   ⇨ klar und konkret für alle Beteiligten,
M – essbar   ⇨ auf Fortschritte hin überprüfbar,
A – usführbar   ⇨ realistisch und damit erreichbar,
R – elevant   ⇨ wichtig für die Beteiligten und die Lösung der Aufgabe,
T – erminiert   ⇨ zu einem festgelegten Endpunkt erreichbar.

A – kzeptiert ⇨ von allen mitgetragen

„Unsere Vision"

Die Schüler sollen sich in ihr Vorhaben intensiv eindenken und sich vorstellen, was sie mit ihrem Projekt erreichen wollen.

Material:
→ DIN-A4-Bogen und Stift für jeden Schüler
→ 1 breiter Marker und 1 Papierstreifen von ca. 40 x 10 cm (aus DIN-A3-Blättern geschnitten) pro Gruppe
→ Pinnwand und Nadeln oder magnetische Tafel und Magnete

Vorgehen:
→ In Zweiergruppen wird die Zielformulierung besprochen und notiert.
→ Drei Zweiergruppen gehen zusammen, besprechen ihre Ergebnisse und einigen sich auf eine Formulierung, schreiben sie auf den Streifen und hängen sie an die Tafel oder Pinnwand.
→ Die Ergebnisse werden mit der Klasse diskutiert, eine einheitliche Formulierung abgestimmt, auf einen breiten Streifen geschrieben und, wenn möglich, für alle sichtbar im Klassenzimmer ausgehängt.
→ Jeder Schüler überträgt das Ergebnis auf einen Bogen, der in die Projektmappe, die als Nächstes angelegt wird, eingefügt wird.

> **BEISPIEL**
>
> Wir werden für ein Altenheim eine Weihnachtsfeier mit einem abwechslungsreichen Programm gestalten, um den alten Menschen eine Freude zu machen.

TIPP *Vor allem jüngere Schüler können Sie diese Vorstellungen auch zeichnen lassen.*

4. Projektmappe anlegen

Zu Beginn des Projektes legt jeder Schüler eine eigene Projektmappe an. In dieser Mappe sammelt er sämtliche Unterlagen, die im Projektverlauf anfallen. Daraus erstellt er nach der Durchführung des Projekts eine Projekt-dokumentation oder ein Projekt-Portfolio. Wenn Sie vorhaben, diese zu bewerten, müssen Sie rechtzeitig die Kriterien dafür festlegen (mögliche Kriterien s. S. 127).

Projektmappe

Deine Projektmappe wird dich das ganze Projekt über begleiten. Du sammelst darin alle wichtigen Unterlagen, die während des Projektverlaufs anfallen.

ANLEITUNG

Welche Mappe kann ich nehmen?
- gekaufte einfache Sammelmappe
- Schnellhefter oder Ringbuch
- selbstgebastelte Mappe

Was sollte alles in die Mappe aufgenommen werden?
- Thema des Projekts
- Zielbeschreibung
- Projektstrukturplan mit Arbeitspaketen
- Projektablaufplan mit Meilensteinen
- Namen des Projektteams und Aufgabenverteilung
- Sitzungsprotokolle

- Ergebnisse der Recherchen
- Interviews
- Fotos, Bilder, Grafiken
- Zwischenbilanzen

Ordne alles ein, was bis jetzt schon angefallen ist:
- Auswahl des Themas: Wie ist es dazu gekommen?
- Beschreibung des Ziels
- Überlegungen zu den Arbeitsschwerpunkten

5. Teamkompetenz fördern

Teamprozesse kennen lernen

Jede Teamarbeit durchläuft bestimmte Phasen, deren Kenntnis die Arbeit in Gruppen erleichtert. Es spielen jeweils zwei Ebenen eine Rolle, nämlich die **Inhalts- und die Beziehungsebene**. Vor allem bei länger dauernder Teamarbeit kann sich jede dieser Phasen wiederholen.
Die Kenntnis der Teamphasen ermöglicht es Ihren Schülern, die Metaebene einzunehmen und den **Gruppenprozess zu reflektieren**.[43]
Wenn eine Gruppe neu formiert wird, müssen Sie für die Phase der **Eingewöhnung** genügend Zeit einrechnen, denn neu ist zum einen die Gruppe und zum anderen die Aufgabe. Wenn es anschließend zu **Konflikten** kommt, kann es sinnvoll sein, dass die Gruppe eine Auszeit nimmt, um den Gruppenprozess zu analysieren.
Wenn die Rollenklärung abgeschlossen ist und die Gruppe ihre Schwierigkeiten überwunden hat, steht die **Lösung der Aufgabe** im Vordergrund.

Der Verlauf der Teamphasen wird auch mit einer **Uhr** verglichen (s. S. 76). Sie können die **„Teamuhr"** durch kooperative Spiele mit den Schülern erarbeiten. Das ist nachhaltiger, als wenn Sie ihnen diese nur vorstellen. Möglich ist das mit dem Beispiel auf S. 76/77.

---

[43] Vgl. Philipp, Elmar: „Teamentwicklung in der Schule"/Klein, Kerstin: „So erklär ich das!"

Lösung (Performing)	Eingewöhnung (Forming)
• Bewältigung der Aufgabe • Kooperation und gegen- seitige Unterstützung	• Kennenlernen der Aufgabe • „Beschnuppern", Einschät- zen der Abhängigkeiten

Zusammenarbeit (Norming)	Konflikte (Storming)
• Austausch von Ideen • Festlegung von Regeln, Entwicklung des Gruppen- gefühls	• Schwierigkeiten mit der Aufgabe • Konflikte innerhalb der Gruppe, Positionskämpfe

„Unser Team als Schiffsbesatzung"

Beschreibung:

Bei der Übung geht es darum, miteinander, ohne zu reden, ein Schiff zu malen, ihm einen Namen zu geben, die Posten zu verteilen und anschließend über den Gruppenprozess kritisch zu reflektieren.

Teilnehmerzahl:

Möglichst nicht weniger als 7 und nicht mehr als 10.
Jede Gruppe sollte einen Beobachter wählen, der den Prozess begleitet und sich dazu Notizen macht.

Material:

Für jede Gruppe ein Papierbogen (ca. 70 x 100 cm) und Buntstifte oder Wachsmalkreiden

Aufgabe:

1. Ohne miteinander zu reden, zeichnet die Gruppe ein Schiff auf einen großen Bogen, der entweder auf dem Boden oder auf einem großen Tisch ausgelegt wird. Nach Fertigstellung des Schiffes – immer noch ohne zu reden – werden die Besatzungsmitglieder eingezeichnet.
2. Die Gruppe verhandelt über den Namen des Schiffes, der in die Zeichnung eingetragen wird.
3. Es werden anschließend folgende Rollen in der Gruppe vergeben:
   → Wer ist der Besitzer?
   → Wer ist der Kapitän?
   → Wer ist der 1. Offizier?
   → Wer ist Steuermann?
   → Wer ist Schiffskoch?
   → Wer sind die Matrosen?

Teamschiff

Die Notizen des Beobachters werden mit den Erfahrungen und Erlebnissen der Gruppenmitglieder verglichen und auf Kärtchen vermerkt. In der Regel ergeben sich dabei – leicht variiert – die üblichen Teamphasen: Eingewöhnung – Konflikte – Zusammenarbeit – Lösung der Aufgabe.

Dabei müssen Sie deutlich machen, dass die einzelnen Phasen immer wieder auftreten können und bei Teamarbeit **Konflikte etwas Normales** sind, dass es allerdings wichtig ist, diese Konflikte zu besprechen und nach Lösungen zu suchen.

Die Kenntnis der „Teamuhr" ist eine wichtige Hilfe für die Gruppenarbeit. Sie können sie im Klassenzimmer aufhängen. Schülertipp für Lehrer: „Schüler müssen die Teamuhr kennen, damit sie wissen, dass es Konflikte geben wird. Dann müssen sie sich gegenseitig Mut machen."

Teamkompetenz trainieren

Bereits zu Beginn der Vorbereitungsphase haben Sie den Tipp bekommen, dass ein Teamtraining mit den Schülern die Zusammenarbeit in den Projektgruppen erleichtert. Auch wenn die Teamarbeit in einigen Klassen schon gut funktioniert, werden die Gruppen durch ein solches Training noch mehr für einander sensibilisiert. Die Gruppenbildung und die Zusammenarbeit werden dadurch erleichtert. Wichtig sind regelmäßige Reflexionsphasen und nach 2–3 Spielen wechselnde Gruppenzusammensetzungen.

Es gibt hervorragende Anbieter, die solche Trainings professionell gestalten, doch entstehen dadurch auch Kosten, die Sie durch Eigeninitiative einsparen können. Auch wenn Sie nicht speziell dafür ausgebildet sind, können Sie mit Hilfe weniger Materialien und einiger guter Tipps ein solches Training durchaus erfolgreich durchführen und einige Sequenzen in den weiteren Projektverlauf einfügen.
Viele Sportlehrer haben inzwischen in diesem Bereich eine Ausbildung und ebenfalls ein umfangreiches Repertoire. Wenn Sie einen Kollegen finden, der bereit ist, mit Ihnen ein solches Training vorzubereiten und durchzuführen, werden Sie die Teamkompetenz der Schüler in erheblichem Maße stärken können.[44]
Natürlich ist es für die Schüler ein besonderes Erlebnis, wenn sie in einer auswärtigen Unterkunft übernachten können. Von nachhaltigem Erfolg kann aber auch ein 1- bis 2-tägiges Training in der näheren Umgebung in der Natur und auf Spiel- und Sportplätzen sein.

Die im Folgenden vorgestellten Spiele bieten Ihnen nur einen kleinen Ausschnitt aus einer Vielzahl von kooperativen Spielen. Dabei geht es um Kontaktaufnahme, Warming up, Wahrnehmung, Vertrauen und Kooperation.[45]

---

[44] *Klein, Kerstin: KlassenlehrerIn sein S. 115 ff.*
[45] *Einige der Spiele stammen ursprünglich aus zwei Büchern, die an keiner Schule fehlen sollten, Gilsdorf/Kistner „Kooperative Abenteuerspiele" Band 1 und 2.*

Namenpatschen[46]

Spielerzahl: 10–18

Material: Alte Zeitungen

Beschreibung: Alle Mitspieler sitzen, die Füße nach innen gestreckt, in einem Kreis von ca. 3 m Durchmesser. Ein Spieler steht in der Mitte mit einer Zeitungspatsche.

Der Kleinste im Kreis beginnt, indem er den Namen eines anderen Mitspielers nennt. Dieser muss nun den nächsten Spieler rufen, um nicht an den Füßen abgepatscht zu werden. Der „Patscher" versucht, den genannten Spieler mit der Zeitung an den Füßen zu erwischen, bevor dieser den nächsten Namen rufen kann.

Schafft er es, tauschen beide die Positionen. Der Spieler aus der Mitte setzt sich auf den frei werdenden Platz im Sitzkreis und ruft den Namen eines anderen Mitspielers, den der neue Patscher abschlagen soll.

Konkurrenzkampf der Supermärkte[47]

Spielerzahl: 12–16

Material: 5 Reifen, 28 Bälle (4 x 7, d.h. jeweils 7 Bälle in 4 verschiedenen Farben)

Beschreibung: Ein Reifen in der Mitte einer ebenen Fläche von ca. 20 x 20 m bildet das Warenlager, in dem sich zu Beginn alle Bälle befinden. Die Spieler werden in vier Gruppen eingeteilt, die sich am Anfang jeweils in ihrem Supermarkt befinden, d.h. in einem der 4 Reifen, die sich im Abstand von ca. 10 m vom Warenlager entfernt in den 4 Ecken der Fläche befinden.

Jede Gruppe stellt eine Supermarktkette dar, die sich auf eine Ware (blaue, rote, gelbe oder grüne Bälle) spezialisieren will.

▶▶▶▶

---

[46] *Informationen nach: Gilsdorf/Kistner Band 1 S. 33*
[47] *ebd. S. 49*

Es gelten folgende Regeln:

→ Es darf immer nur ein „Einkäufer" unterwegs sein, der auch immer nur einen Ball transportieren darf.

→ Er darf sowohl eigene als auch fremde Bälle transportieren.

→ Die Bälle kann er sowohl aus dem Warenlager als auch aus den anderen Supermärkten holen.

→ Alle erworbenen Bälle muss er in den eigenen Supermarkt bringen.

→ Es darf kein Einkäufer bei seiner Arbeit durch andere mit Absicht behindert werden.

Gewonnen hat die Gruppe, die als erste den eigenen Supermarkt mit allen 7 Bällen in der gleichen Farbe gefüllt hat.

Das Warenlager

Platzwechsel[48]

Spielerzahl: 10–20

Material: am Boden liegender, kräftiger Baumstamm

Beschreibung: Die Schüler werden in 2 Gruppen unterteilt, die den Platz tauschen sollen. Beide Gruppen stellen sich auf den Baumstamm, die eine Gruppe steht rechts und die andere links der Mitte.

Es gelten folgende Regeln:

→ Wer rechts ganz außen steht, muss nach links außen, der zweite von rechts tauscht mit dem zweiten von links usw.

→ Fällt jemand herunter, müssen alle Teilnehmer von vorn beginnen.

Das Ziel ist erreicht, wenn beide Gruppen ihre Plätze getauscht haben.

---

[48] *Informationen nach: Gilsdorf/Kistner Band 1, S. 99*

Die Mauer

Spielerzahl: 8–18

Material: 1 Vierkantholz ca. 200 x 8 x 8 cm, 1 Mauer oder 1 Gartentor, Höhe: ca. die Nasenspitze des zweitkleinsten Gruppenmitgliedes

Beschreibung: Das Vierkantholz wird mit einem Ende auf die Mauer oder das Gartentor aufgelegt, sodass eine Rampe entsteht, über die die Gruppenmitglieder die Mauer bzw. das Gartentor überwinden können.

Es gelten folgende Regeln:
→ Als Hilfe darf nur der Balken benutzt werden, der als schräger Aufstieg auf die Mauer/das Gartentor aufgelegt wird.
→ Nur die ersten beiden Spieler dürfen auf der anderen Seite abspringen. Alle weiteren Spieler müssen heruntergehoben werden.
→ Alle Spieler, die nicht an der Überquerung beteiligt sind, müssen die anderen sichern. Der letzte Spieler muss von der Gruppe vorausschauend bestimmt werden, da er keine Aufstiegshilfe hat.
Diese Erkenntnis muss die Gruppe selbst gewinnen.

Das Ziel ist erreicht, wenn alle Gruppenmitglieder die Mauer/ das Gartentor überwunden haben.

Gemeinsam über das Tor

Folie wenden

Spielerzahl: 10–15

Material: unempfindliche Decke oder Folie von ca. 1,5 x 1,5 m (z.B. gold-silberne Rettungsdecke aus der Apotheke)

Beschreibung: Alle Spieler stellen sich auf die Folie, auf der sie gerade nebeneinander Platz haben.

Die Folie ist gewendet.

Das Ziel ist erreicht, wenn die Gruppe die Folie auf die andere Seite gedreht hat, ohne das ein Spieler die Folie verlassen hat.

Entspannungsschaukel[49]

Spielerzahl: 10–18

Materialien: keine

Beschreibung: Zwei Reihen von je mindestens 5 Spielern stehen sich in einer Gasse gegenüber. Sie knien sich hin und geben sich die Hände, sodass eine mit den Armen gebildete Schaukel entsteht.

Der erste Spieler legt sich mit dem Rücken in die Schaukel und schließt die Augen. Alle stehen auf und schaukeln ihn vorsichtig hin und her. Nach 20–30 Sekunden wird der Geschaukelte sanft zu Boden gelegt. Alle drücken ihn sanft, aber fest mit einer Hand. Auf ein Zeichen hin wird er losgelassen und kehrt wieder in die Gruppe zurück.
Das Ziel ist eine gute Einstimmung der Gruppenmitglieder aufeinander, denn der Geschaukelte soll sich von der Gruppe „getragen" fühlen.

---

[49] Informationen nach: Gilsdorf/Kistner Band 1, S. 66

Blinder Mathematiker[50]

Zahl der Spieler: 8–18

Material: 2 etwa 20 m lange
Seile, die auf einer ebenen Fläche
von min. 10 x 10 m auf dem Boden ausgelegt werden, Tücher
zum Verbinden der Augen

Das erste Quadrat

Beschreibung: Mit den beiden
Seilen soll die Gruppe mit verbundenen Augen zwei Quadrate
legen und sie zu einem achtecki-
gen Stern übereinanderfügen. Dabei müssen alle Spieler eine Position
am Seil inne haben.
Der Gruppe steht eine Vorbereitungszeit von 30 Minuten zur Verfügung, in der sie eine Strategie für die Lösung der Aufgabe erarbeiten
soll. Die Vorbereitungszeit kann auf Antrag verlängert werden.

Es gelten folgende Regeln:
→ Die Seile bleiben während der Vorbereitungszeit auf dem Boden
   liegen und dürfen nicht zu Versuchszwecken verwendet werden.
→ Die Durchführung geschieht schweigend und mit verbundenen
   Augen. Die Spieler müssen beieinander stehen und dürfen die
   Seile noch nicht in der Hand halten.

Das Ziel ist erreicht, wenn die Gruppe die Seile auf dem Boden
ausgelegt hat und ein achteckiger Stern zu erkennen ist.

TIPP

*Die Aufgabe ist schwierig. In der Praxis werden ganz unterschiedliche
Lösungswege beschritten. Die Erfahrung hat gezeigt, dass die Aufgabe
von Jugendlichen häufig besser gelöst wird als von Erwachsenen.
Sie trainiert Kreativität und Teamgeist.*

---

[50] *Informationen nach: Gilsdorf/Kistner Band 1 S. 111*

Teamprozesse reflektieren

Die Reflexion der Prozesse, die bei den kooperativen Spielen in den Gruppen abgelaufen sind, sollte möglichst nach jedem Spiel stattfinden. Den Schülern wird dadurch deutlich, in welcher Weise der Einzelne zur Lösung einer Aufgabe beigetragen oder sie möglicherweise verhindert hat.
Damit reflektieren sie ihr Verhalten und lernen ihre eigenen Stärken und Schwächen besser kennen. Das kann zu einem wichtigen Kompetenzzuwachs führen.

Folgende 4 Methoden nach Gilsdorf/Kistner eignen sich zur Reflexion:

Punkteblitzlicht
Die Gruppenmitglieder finden sich im Kreis zusammen. Der Gruppenleiter stellt Fragen zur Einschätzung des Erlebten:
→ Wie wohl habe ich mich in der Gruppe gefühlt?
→ Wie gut schätze ich unsere Zusammenarbeit ein?
→ Wie stark habe ich zum Gelingen der Aufgabe beigetragen?
→ Wie zufrieden bin ich mit der Art und Weise, wie Entscheidungen getroffen wurden?

Alle Gruppenmitglieder schließen daraufhin die Augen und zeigen mit ihren Fingern die Einschätzung an. 10 Finger bedeuten: 100 %.
Erst wenn alle ihre Entscheidung getroffen haben, gibt der Gruppenleiter das Signal, die Augen wieder zu öffnen.
Alle können sich umschauen und ihre Einschätzung erläutern.

Momentaufnahme
Nach einem Spiel sollen die Gruppenmitglieder ihr Befinden körperlich ausdrücken. Einfließen können sowohl persönliche Gefühle als auch das Erleben in der Gruppe.
Alle stellen sich gleichzeitig und möglichst spontan auf. Die Haltungen können anschließend erläutert werden.

Gefühlskarten

Auf Karten stehen Adjektive, die eine Gefühlslage ausdrücken.

Sie sind mit einem passenden Bild verdeutlicht und werden auf dem Boden ausgelegt. Die Gruppenmitglieder haben Zeit, die Karten in Ruhe zu betrachten. Dann sucht jeder sich eine Karte aus, die zu seiner Gefühlslage passt. Die Gruppenmitglieder stellen sich gegenseitig ihre Karte vor und tauschen ihre Empfindung aus.

Gefühlskarten

Naturmaterialien

Jedes Gruppenmitglied bekommt die Aufgabe, aus Naturmaterialien die beeindruckendste Situation des zurückliegenden Trainings darzustellen. Die dafür notwendigen Materialien müssen sich die Gruppenmitglieder in der Natur zusammensuchen. Für das Einsammeln und Gestalten stehen 30 Minuten zur Verfügung.[51]

Das habe ich beim Teamtraining erlebt …

Beschreibe deine Erfahrungen mit dem Teamtraining und lege den Text in deine Projektmappe.

Folgende Überlegungen können dir Anregungen dafür geben:

ANLEITUNG

- Das hat mir gut gefallen …
- Das hat mich gestört …
- Das habe ich Neues gelernt …
- …

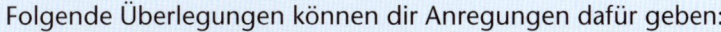
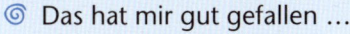

[51] *Weitere Methoden in „KlassenlehrerIn sein" S. 74 ff.*

⊘ Aufgabenverteilung in der Vorbereitungsphase:

Schüleraktivitäten	Lehreraktivitäten
× Ideen einbringen und Thema auswählen	× Materialien für die Kartenabfrage/ Placemat vorbereiten × Methoden vorstellen × Trichtermethode vorbereiten × Themenfindung moderieren
× Durchführbarkeit überprüfen	× Rahmenbedingungen einbringen × Auswahl moderieren
× Ziel beschreiben, evtl. zeichnen	× Materialien und mögliche Methoden vorbereiten
× Projektmappe anlegen × Zielbeschreibung einordnen	× Vorgaben für die Gestaltung der Mappe überlegen und besprechen
× Teamprozesse kennen lernen × Teamspiele auswählen und durchführen × Teamprozesse reflektieren	× Teamuhr erarbeiten lassen × Teamtraining vorbereiten und mit den Schülern durchführen × Anregungen für die Reflexions- methoden geben

Überdenken Sie immer wieder, wie viel Eigenverantwortung Sie Ihren Schülern übertragen können. Manchmal trauen Sie ihnen vielleicht zu wenig zu!

Planung

„Planung ist nicht alles, aber ohne Planung ist alles nichts."
Sprichwort

Wenn Sie das Projekt mit Ihren Schülern gründlich und gut durchdacht planen, ist schon eine wesentliche Voraussetzung für den Erfolg gegeben.

Für eine erfolgreiche Planung gibt es hilfreiche **Instrumente aus dem Projektmanagement**, die in schulische Projekte Eingang finden sollten: Den **Projektstrukturplan** und den **Projektablaufplan** (siehe CD). Sie bilden die Grundlage für die Durchführung der Arbeitspakete in den Projektteams.

Jüngere Schüler tun sich schwer mit gründlicher Planung, weil sie möglichst schnell aktiv werden wollen. Deshalb müssen Sie versuchen, einen Mittelweg zwischen Planung und Aktion zu finden. Wichtig ist allerdings: **Projektplanung muss erlernt werden.** Wenn nämlich während der Projektdurchführung die Planung immer wieder korrigiert werden muss, kann das die Beteiligten ebenfalls eher demotivieren.

Arbeitsschritte:
1. **Projektstrukturplan entwickeln**
2. **Projektablaufplan erstellen**
3. **Arbeitsgruppen bilden**
4. **Gruppenidentität entwickeln**
5. **Arbeitspakete und Ziele konkretisieren**
6. **Gruppenarbeitspläne erstellen**
7. **Bewertungskriterien festlegen**

1. Projektstrukturplan entwickeln

Das gemeinsam formulierte Ziel ist die Grundlage für die weitere Arbeit. In einem nächsten Schritt werden die **Arbeitsschwerpunkte** entwickelt, man könnte auch sagen: die Teilprojekte mit Teilzielen.

Für diesen Schritt müssen Sie **ausreichend Zeit einplanen**, denn die Arbeitsschwerpunkte sollen anschließend in den Projektteams bearbeitet werden.

Auch wenn die Schüler das Projektthema demokratisch selbst ausgewählt haben, müssen Sie damit rechnen, dass nicht alle davon begeistert sind, und versuchen, den Schülern bei der Festlegung der Arbeitsschwerpunkte einen möglichst großen Spielraum zu geben.

Die Schwerpunkte für die Arbeitsgruppen müssen in etwa **gleichermaßen anspruchsvoll und umfangreich** sein, damit sie allen Gruppen ausreichend Betätigungsmöglichkeiten bieten.

Wenn die Arbeitsschwerpunkte feststehen, überlegen Sie anschließend mit den Schülern gemeinsam, welche **Arbeitspakete** bei den einzelnen Schwerpunkten anfallen. Es wird also ein **Projektstrukturplan** entwickelt. Er ermöglicht einen Überblick, wie umfangreich die anstehenden Aufgaben sind. Die Arbeitspakete werden später durch die Projektteams konkretisiert, verändert oder ergänzt.

Für die Entwicklung von Arbeitsschwerpunkten können Sie die Methoden, mit denen die Projektthemen entwickelt werden, wie „Kartenabfrage mit Schneeball" und „Placemat Activity", (s. S. 68–70) einsetzen.

Den Projektstrukturplan können Sie mit den Schülern an der Tafel entwickeln und anschließend auf einen Packpapierbogen übertragen lassen. Er wird im Klassenzimmer ausgehängt, damit die Arbeitsschwerpunkte für alle sichtbar sind. Wenn diese Form der Visualisierung nicht möglich ist, sollte jeder Schüler ihn zumindest für seine Projektmappe bekommen.

Das folgende Beispiel zeigt den Strukturplan, der mit einer 8. Klasse für die Gestaltung einer Weihnachtsfeier im Altenheim entwickelt wurde.

 **BEISPIEL**

Projektstrukturplan

Unser Ziel:

Wir werden im Altenheim eine Weihnachtsfeier gestalten, um den alten Menschen eine Freude zu machen!

Arbeitsschwerpunkt 1	Arbeitsschwerpunkt 2	Arbeitsschwerpunkt 3
Lieder	Tänze	Foto Show

Arbeitspakete	Arbeitspakete	Arbeitspakete
1. Umfrage zu Liederwünschen durchführen	1. Musik auswählen	1. Motive auswählen und fotografieren
2. Lieder auswählen	2. Choreografie entwerfen	2. Informationen dazu einholen
3. Lieder mit Keyboard einüben	3. Tänze einüben	3. Präsentation gestalten und üben

© Verlag an der Ruhr
Postfach 10 22 51 – 45422 Mülheim an der Ruhr
www.verlagruhr.de – ISBN 978-3-8346-0440-8

Lernen mit Projekten – In der Gruppe planen, durchführen, präsentieren

2. Projektablaufplan erstellen

Der Projektstrukturplan ist die Grundlage für den Projektablaufplan, der die zeitliche Abfolge, das Wann, aufzeigt. Hier geht es also um die **Reihenfolge der Aktivitäten**. Dazu müssen Sie folgende Überlegungen anstellen: Existieren sachliche und personelle Abhängigkeiten? Wie viel Zeit steht insgesamt zur Verfügung?

Der Ablaufplan wird von Ihnen vorgegeben oder mit den Schülern zusammen festgelegt. Er unterliegt häufig gewissen **Zwängen von außen**, z.B.
→ Prüfungs- und Zeugnisterminen,
→ Einschränkungen, die mit der Jahreszeit verbunden sind, wenn z.B. Pflanzungen für die Schulhofverschönerung vorgesehen sind,
→ dem Abgabe-Termin bei der Teilnahme an einem Wettbewerb,
→ dem Termin für eine Veranstaltung, bei der die Präsentation stattfinden soll,
→ dem Termin für den Aufenthalt im Schullandheim, der nach schulischen Vorgaben oder möglichen Belegungsterminen der Unterkunft in einer bestimmten Woche stattfinden muss.

Im Projektablaufplan spielen so genannte **„Meilensteine"** eine wichtige Rolle.
Sie werden von Anfang an vorgesehen oder bei Bedarf eingefügt und
→ dienen der gegenseitigen Information,
→ strukturieren den Projektablauf,
→ sorgen für Überschaubarkeit.
Sie stehen am Abschluss einer Phase, bei der Erreichung wichtiger Projektschritte und/oder am Projektende und sind immer mit dem Treffen aller Projektteams verbunden.

BEISPIEL

> Der folgende Ablaufplan wurde für ein Projekt im Altenheim erstellt. Er gibt eine Übersicht über die Reihenfolge der Aktivitäten, die Meilensteine und die Gesamtzeit, die den Projektteams zur Verfügung steht.

BEISPIEL

Projektablaufplan ■

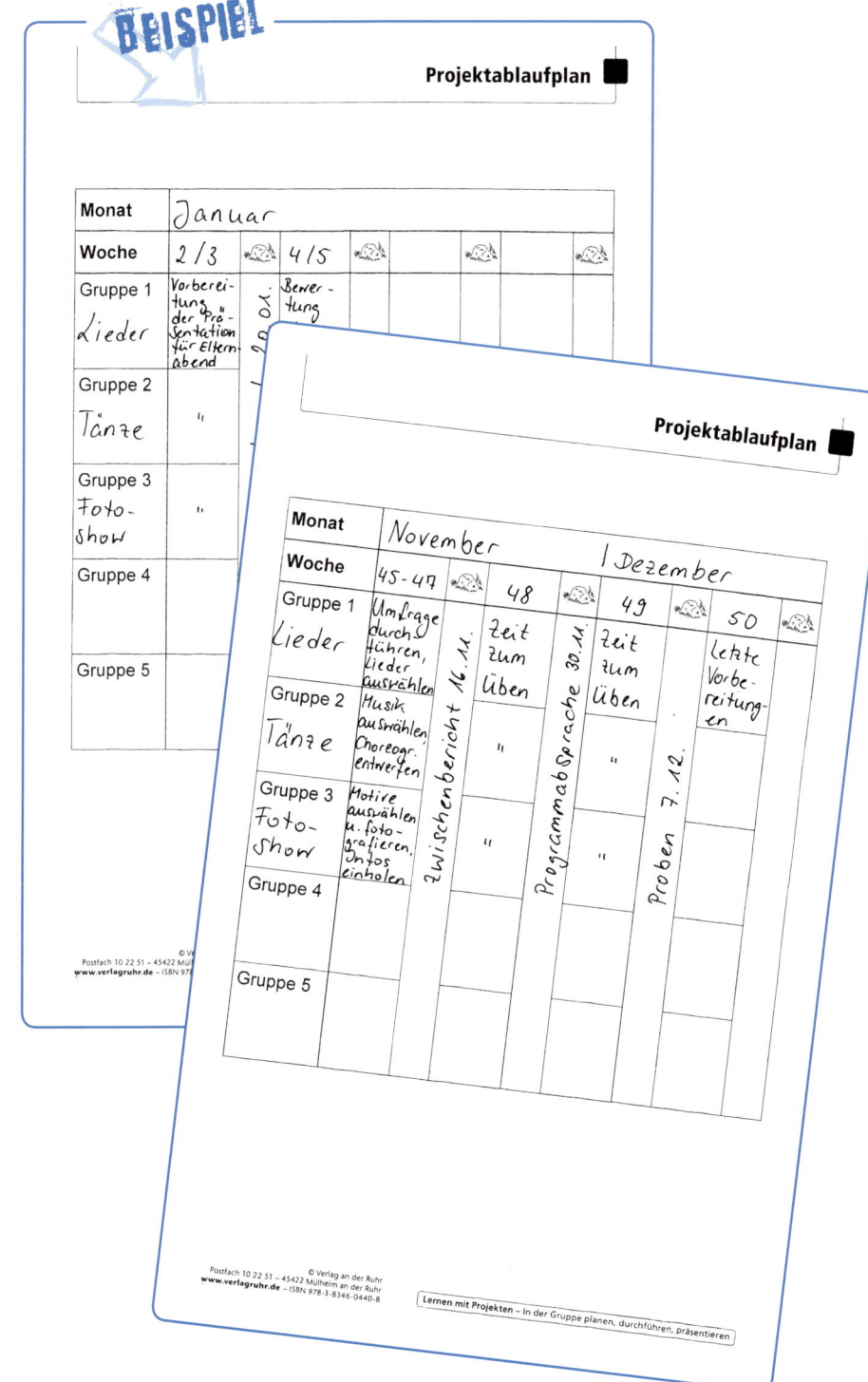

Monat	Januar								
Woche	2/3		4/5						
Gruppe 1 *Lieder*	Vorberei-tung der "Prä-sentation für Eltern-abend		Bewer-tung						
Gruppe 2 *Tänze*	"								
Gruppe 3 *Foto-show*	"								
Gruppe 4									
Gruppe 5									

Projektablaufplan ■

Monat	November				Dezember			
Woche	45-47		48		49		50	
Gruppe 1 *Lieder*	Umfrage durchführen, Lieder auswählen	Zwischenbericht 16.11.	Zeit zum Üben	Programmabsprache 30.11.	Zeit zum Üben	Proben 7.12.	letzte Vorbe-reitung-en	
Gruppe 2 *Tänze*	Musik auswählen, Choreogr. entwerfen		"		"			
Gruppe 3 *Foto-show*	Motive auswählen u. foto-grafieren, Infos einholen		"		"			
Gruppe 4								
Gruppe 5								

Postfach 10 22 51 – 45422 Mülheim an der Ruhr © Verlag an der Ruhr
www.verlagruhr.de – ISBN 978-3-8346-0440-8

Postfach 10 22 51 © V
www.verlagruhr.de – ISBN 97

Lernen mit Projekten – In der Gruppe planen, durchführen, präsentieren

In der Gruppe planen, durchführen, präsentieren **91**

Ebenso wie den Projektstrukturplan können Sie den Projektablaufplan auf Packpapier visualisieren. Außerdem sollte ihn jeder Schüler für seine Projekt-mappe bekommen, denn er ist eine wichtige Orientierung.

Da die Projektteams bei dem vorhergehenden Beispiel zeitlich nicht vonei-nander abhängig sind, können sie ohne weitere Abstimmung in den ersten Wochen parallel arbeiten, denn zeitliche Überschneidungen spielen hier noch keine Rolle. Nach der Vorbereitung in den Projektteams ist allerdings in der 4. Woche ein **Meilenstein** mit einem Treffen aller Projektteams für den **Zwischenbericht** (s. S. 117ff.) geplant, bei dem sich die Projektteams gegenseitig über den Stand der Arbeit informieren. Weitere Meilensteine sind die Termine für die Programmabsprache, die Proben und schließlich die Feier.

Innerhalb dieses Rahmens haben die Projektteams **Gestaltungsspielraum** für die Durchführung ihrer Arbeitspakete. Das bedeutet, dass sie in diesem Rahmen selbstständig planen können, wie sie ihre Arbeit verteilen.
Eine wichtige Aufgabe für Sie ist allerdings die **Kontrolle**, ob die festgelegten Termine eingehalten werden.

Hilfreich für die Planung der zur Verfügung stehenden Zeit ist die **ALPEN-Methode** aus dem Projektmanagement. Sie umfasst fünf Stufen, welche folgendermaßen aufgegliedert sind:

A – ufgaben zusammenstellen
L – änge der Tätigkeiten schätzen
P – ufferzeit für Unvorhergesehenes reservieren
E – ntscheidungen über Prioritäten und Delegation treffen
N – achkontrolle – Unerledigtes auf das nächste Treffen übertragen

Besonders wichtig ist es, dass sich die Projektteams vorher überlegen, welche Arbeitsschritte zeitlich schwer einzuschätzen sind und wo Engpässe auftreten können. Deshalb sollten sie, wie oben bereits erwähnt, **Pufferzeiten** ein-planen, die ihnen manchen Stress ersparen können. Trotzdem kann es notwendig werden, das bei einem Treffen aller Projektteams der Zeitplan auch einmal korrigiert werden muss.

3. Arbeitsgruppen bilden

Nachdem der Projektstrukturplan und der Projektablaufplan erstellt worden sind, werden Gruppen gebildet, die die Arbeitsschwerpunkte umsetzen. Für die Gruppenbildung gibt es verschiedene Vorgehensweisen. Drei Möglichkeiten werden hier aufgezeigt.

1. Es werden gemeinsam die **Arbeitsschwerpunkte** entwickelt. Die Schüler ordnen sich einem Arbeitsschwerpunkt nach persönlichem Interesse zu.

2. Es bilden sich **Arbeitsgruppen**

Arbeitsgruppen zusammenstellen

nach Neigung, die sich einen eigenen Arbeitsschwerpunkt überlegen. Erforderlich dafür ist, dass sich anschließend alle Gruppen untereinander abstimmen, damit es keine Überschneidungen gibt.

3. **Zufallsgruppen** ordnen sich Arbeitsschwerpunkten zu.

TIPP *Anzustreben ist die erste Methode. Sie führt am ehesten zu einer heterogenen Gruppenzusammensetzung, die bei Gruppenarbeiten nachgewiesen zu besseren Ergebnissen führt. Außerdem kann jeder Schüler sich dem Thema zuordnen, das ihm zusagt.*

4. Gruppenidentität entwickeln

Gruppen, die neu zusammengesetzt sind, müssen zuerst Gruppenidentität entwickeln, damit sie zu einem guten Arbeitsteam werden. Wenn die einzelnen Mitglieder sich besser kennen, wird die Zusammenarbeit intensiver. Jeder fühlt sich im Idealfall für sein Team verantwortlich, und deshalb werden auch die Arbeitsergebnisse besser ausfallen. Dazu gibt es, je nach Altergruppe, verschiedene Möglichkeiten.

Gruppenname und Logo

Vor allem jüngere Schüler geben sich gern einen Gruppennamen, der sie von den anderen unterscheidet und etwas Besonderes über die Gruppe oder ihren Arbeitsschwerpunkt ausdrücken soll.

Logo Eurogangster

BEISPIELE

Gruppennamen aus dem Projekt Euroreporter mit einer 7. Klasse: Es gab die Eurogangsters, die Gruppe Euro-Fieber, das Happy Team und The Eurogirls.

Die Gruppen können auch ein **Logo** entwickeln, das entweder speziell auf die Gruppe oder auf ihren Arbeitsschwerpunkt abgestimmt ist. Schüler können beeindruckend kreativ sein, wie die folgenden Beispiele zeigen.

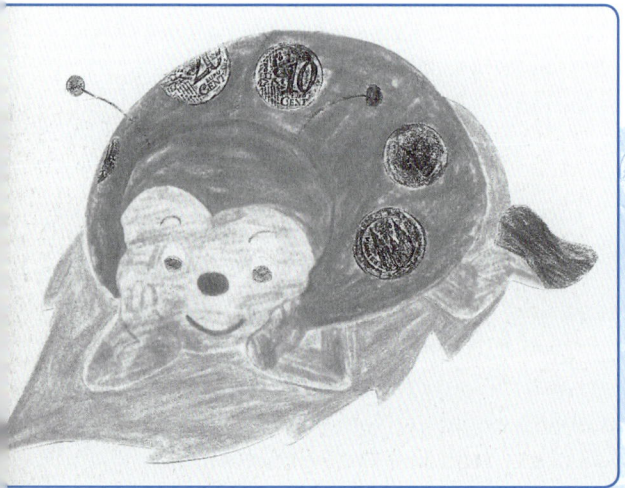

Logo Eurokäfer

BEISPIELE

Der Eurokäfer ist das Logo der Eurogirls, einer Gruppe, die bei einem Projekt zur Einführung des Euro mitgemacht hat, also eng verbunden mit der Thematik: „Wie haben uns überlegt, wie wir den Euro in einem Logo gut zur Geltung bringen können, und haben uns für den Marienkäfer entschieden, weil man die Punkte gut als Euromünzen darstellen kann. Wir haben ihn dann Eurokäfer genannt."

Weil die Firma Kochmix Kochbücher hergestellt und verkauft hat, hat sie das „Besteckexplosionslogo" entwickelt.

Die internationale Firma „WWK – World Wide Kitchen", auch eine Kochbuchfirma, hat eine Weltkugel mit Kochmütze als Logo entwickelt, um damit ihrem multikulturellen Anspruch Ausdruck zu verleihen.

Gruppenporträt

Die Gruppe stellt sich mit Hilfe eines Porträts vor. Sie gibt den anderen notwendige und interessante Informationen: Namen, Aufgaben, Pläne, eigene Vorstellungen, besondere Fähigkeiten, Erwartungen etc. Die Gruppe kann sich einen Namen geben und vielleicht sogar ihr Logo in das Gruppenporträt einfügen.

Durch das Gruppenporträt können die Mitglieder der Gruppe sich besser kennen lernen und miteinander vertraut werden, was zu einer guten Zusammenarbeit beiträgt. Indem sich die Gruppe den anderen vorstellt, kann sie ihre eigene Identität entwickeln. Das Porträt sollte ansprechend gestaltet sein und die einzelnen Gruppenmitglieder gut zur Geltung kommen lassen.

Gruppenporträt „Eurofieber"

5. Arbeitspakete und Ziele konkretisieren

Erste Überlegungen zu den Arbeitspaketen sind bereits bei der Entwicklung des Projektstrukturplans formuliert worden. Jetzt werden sie in den Projektteams besprochen und konkretisiert, vielleicht werden auch Änderungen oder Ergänzungen vorgenommen.

BEISPIEL

Die Mitglieder des Projektteams, die sich vorgenommen haben, im Altenheim eine Fotoshow zu gestalten, müssen klären, welche Art von Motiven sie auswählen wollen. Im Team gibt es unterschiedliche Vorstellungen: Zwei Schüler möchten die Stadt vorstellen, in der sich das Altenheim befindet, die anderen beiden möchten lieber die Umgebung und die Natur vorstellen.
Die Vorstellungen müssen diskutiert und entschieden werden.
Vielleicht müssen mehrere Termine für die Fotos angesetzt werden, weil das Wetter für die Aufnahmen nicht geeignet ist.
Außerdem muss das Projektteam als wichtige Grundlage für die Arbeit die technischen Bedingungen abklären, unter denen es die Aufnahmen machen und schließlich auch vorstellen kann. Die Teammitglieder müssen sich überlegen, wo sie die Informationen zu den Bildern einholen können und welche sie für ihren Vortrag verwenden wollen. Sie müssen festlegen, in welcher Reihenfolge sie die Arbeitsschritte erledigen und ob sie arbeitsteilig vorgehen können.

Der nächste Schritt für die einzelnen Projektteams ist die Konkretisierung der Zielbeschreibung: Die Gruppen müssen sich Klarheit darüber verschaffen, was sie genau erreichen wollen. Dafür gelten die bereits im vorherigen Kapitel beschriebenen Vorgaben, z.B. die Zielbeschreibung nach der SMART-Methode (s. S. 73).

BEISPIEL

Weihnachtsfeier im Altenheim

Tänze: Wir werden zwei Tänze entwerfen und einstudieren, die wir bei der Weihnachtsfeier am 12.12. vorführen.

Lieder: Wir werden eine Umfrage durchführen und die ca. 6 beliebtesten Weihnachtslieder singen.

Fotoshow: Wir werden ca. 15 verschiedene Motive aus unserer Stadt mit Erklärungen bei einem geselligen Nachmittag im Altenheim vorstellen.

„Unsere Ziele" – detaillierte Zielfestlegung für Fortgeschrittene

Für ältere Schüler, die bereits Erfahrung mit der Arbeit in Projekten haben, kann die Zielbeschreibung anspruchsvoller gestaltet werden. Sie können sich außer den Zielen, die das Endprodukt oder Ergebnis im Auge haben, auch Ziele für ihren Arbeitsprozess setzen, z.B. bei den Arbeitstechniken und der Teamarbeit.

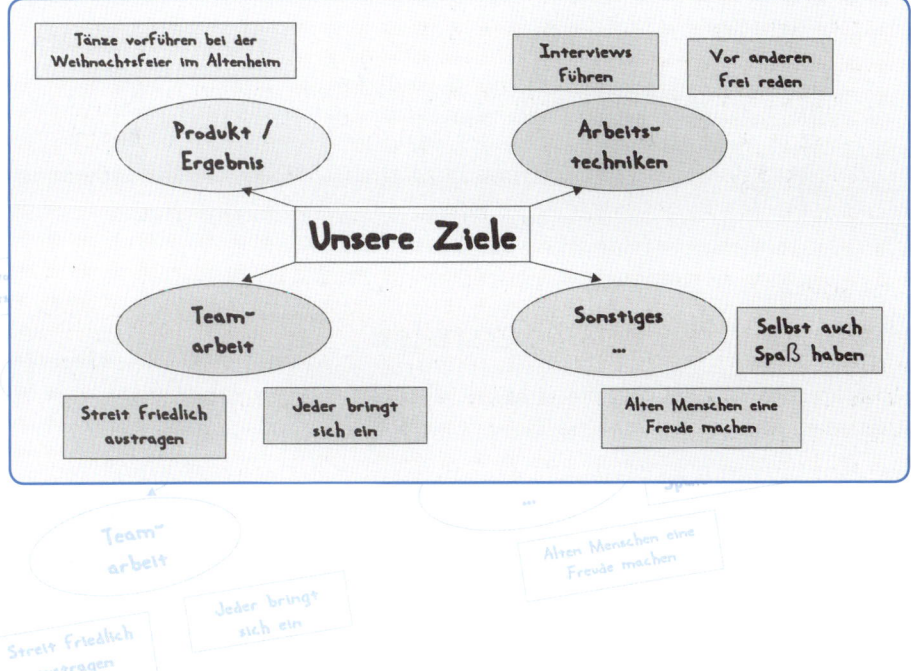

„Unsere Ziele"

Materialien:
Ihr braucht 1 Papierbogen in DIN A3, kleine Haftnotizenblocks
oder kleine Zettel in 4 verschiedenen Farben.

Arbeitsschritte:
- Schreibt in die Mitte des Bogens „Unsere Ziele". Fügt vier Äste hin-
  zu, und ergänzt stichwortartig die folgenden Überlegungen:
- Welches Produkt/Ergebnis soll bei unserem Projekt herauskommen?
- Welche Arbeitstechniken möchten wir hinterher beherrschen
  (z.B. frei reden – dokumentieren – präsentieren ...)?
- Vielleicht möchten wir noch etwas Besonderes erleben ➡ Sonstiges.
- Welche Ansprüche haben wir an unsere Teamarbeit?

Einzelarbeit: Jeder überlegt sich zwei wichtige Ziele für die vier
Bereiche.
Partnerarbeit: Besprecht eure Ziele, notiert sie auf Klebezettel, und
ordnet sie den Ästen zu.
Gruppenarbeit: Einigt euch für jeden Ast auf max. zwei besonders
wichtige Ziele.

Diese Übersicht gehört in eure Projektmappe. Ihr solltet sie immer wieder
einmal anschauen und dann in eurem Team darüber sprechen, inwieweit
ihr eure Ziele schon erreicht habt und wo ihr noch Probleme habt.

Vielleicht nehmt ihr euch für einen Tag auch einmal ein Ziel besonders
vor und zieht am Ende des Tages Bilanz, z.B. *„Jeder bringt sich ein"*.

6. Gruppenarbeitspläne erstellen

Jedes Projektteam hat nun die Aufgabe, die notwendigen Arbeitsschritte zu planen, die zeitliche Abfolge festzulegen und zu überlegen,
wer was bis wann zu erledigen hat. Sinnvoll ist es in der Regel, **arbeitsteilig**
vorzugehen.

Durch den Gruppenarbeitsplan (siehe CD) werden die **Arbeitspakete** in einzelne Schritte untergliedert und damit konkretisiert und ergänzt. Dieser Gruppenarbeitsplan kann für einen längeren Zeitraum ausgefüllt werden oder auch
nur für einen begrenzten Zeitabschnitt von einem Projekttag.

Gruppenarbeitsplan

Namen der Gruppenmitglieder:	Datum:
Steffi, Lisa, Nadine, Jenny, Mella	6.11.07

Thema: Lieder für die Weihnachtsfeier

Unser Ziel: Wir wollen 6 Lieder einstudieren, die wir bei der Weihnachtsfeier am 12.12. vorsingen.

Arbeitsschritte:	Wer?	Bis wann?
1. Schritt: Ausdenken, welche Lieder wir singen könnten. Fragebogen erstellen für eine Umfrage im Altenheim, welche Lieder die Senioren hören wollen	alle	6.11.
2. Schritt: Den Fragebogen ins Reine schreiben und kopieren	Jenny und Steffi	8.11.
3. Schritt: Ins Altenheim gehen und die Befragung durchführen	Lisa, Nadine und Mella	13.11.
4. Schritt: Das Ergebnis auswerten und danach die Lieder zusammenstellen, die wir singen können.	alle	15.11.

© Verlag an der Ruhr
Postfach 10 22 51 – 45422 Mülheim an der Ruhr
www.verlagruhr.de – ISBN 978-3-8346-0440-8

Lernen mit Projekten – In der Gruppe planen, durchführen, präsentieren

Die ausgefüllten Zeitpläne können Sie auf DIN-A3-Format kopieren und nach Möglichkeit für alle sichtbar aushängen, damit sich jeder einen Überblick über die Planung der anderen Gruppen verschaffen kann. Das ist eine hilfreiche Vorbereitung für die Zwischentreffen aller Projektteams. Außerdem sollten die Schüler die Gruppenzeitpläne in die Projektmappe einordnen.

7. Bewertungskriterien festlegen

Seit Heinz Klippert 1994 den erweiterten Lernbegriff eingeführt hat, hat eine veränderte Art der Bewertung in den Formen des offenen Unterrichts an Bedeutung gewonnen.
Die Arbeit in Projekten stellt an Schüler hohe Anforderungen in Bezug auf die Personalkompetenz, ebenso auf die Team- und Methodenkompetenz, wie bereits im 2. Kapitel, „Voraussetzungen der Schüler" (s. S. 52 ff.), verdeutlicht wurde.

Die überfachlichen Kompetenzen sind zum einen die Voraussetzung für die Arbeit in Projekten, zum anderen werden sie durch die Formen des offenen Unterrichts und damit vor allem durch die Projektarbeit in besonderem Maße gefördert. Sie sind oft entscheidend für den Verlauf und damit für das Gelingen eines Projekts und sollten deshalb bei der Bewertung angemessen berücksichtigt werden.

Bewerten können Sie allerdings nur das, was die Schüler erlernen und trainieren können. Wenn Sie die Arbeit der Schüler im Projekt bewertet wollen, wie es meist der Fall sein wird, müssen Sie bereits in dieser Phase die Bewertungskriterien festlegen, die die Schüler kennen müssen.
Den ausführlichen Bewertungsteil mit den entsprechenden Bögen von der CD, die Sie in der Praxis einsetzen können, finden Sie im Kapitel „Abschluss" (s. S. 123 ff.).

Für die Bewertung des Arbeitsprozesses legen Sie am besten für jede Gruppe einen Beobachtungsbogen (siehe CD) an, in den Sie Ihre Notizen zu den einzelnen Schülern mit Angabe des Datums eintragen und somit die Bewertung auf Ihre Beobachtungen und Überprüfungen stützen können.
Die Kriterien für die Dokumentation, das Portfolio und die Präsentation können Sie im weiteren Projektverlauf den Schülern bekannt geben oder mit ihnen gemeinsam entwickeln. Sie finden sie ebenfalls als Vorlagen auf der CD.

Aufgabenverteilung für die Planungsphase:

Schüleraktivitäten	Lehreraktivitäten
× Thema aufschlüsseln nach Arbeitsschwerpunkten × überprüfen, ob die Arbeitsschwerpunkte in etwa gleichwertig sind	× Materialien für den Projektstrukturplan vorbereiten × Methode vorstellen und Vorgehen moderieren
× Terminierung besprechen × Ablaufplan mit Meilensteinen gemeinsam erstellen	× Ablaufplan mit Meilensteinen vorbereiten × Termine festlegen
× Kriterien für die Gruppenbildung festlegen × Arbeitsgruppen bilden × Gruppenidentität entwickeln	× Kriterien für die Einteilung vorbereiten × Vorgaben: Name, Logo, Porträt (je nach Alter) × Materialien für das Gruppenporträt zur Verfügung stellen
× Arbeitsschwerpunkt in der Gruppe diskutieren, evtl. ergänzen × Arbeitspakete konkretisieren	× Ansprechpartner sein
× Ziele für die Gruppe formulieren × Arbeitsschritte festlegen × Gruppenarbeitsplan erstellen	× Formulare für Gruppenarbeitspläne ausgeben × ausgefüllte Pläne kopieren und aushängen
× gemeinsam mit dem Lehrer die Bewertungskriterien festlegen	× Bewertungskriterien festlegen × Beobachtungsbögen für den Arbeitsprozess anlegen

Überdenken Sie immer wieder, wie viel
Tipp *Eigenverantwortung Sie Ihren Schülern übertragen können. Manchmal trauen Sie ihnen vielleicht zu wenig zu!*

Durchführung

*„Wenn man das Ziel nicht weiß,
kann man den Weg nicht finden."*
Sprichwort

Nach gründlicher Planung geht es nun – für manche Schüler endlich! – an die Realisierung des Projekts. In dieser Phase ist die **Aktivität der Schüler** von besonderer Bedeutung, denn sie können weitgehend selbstständig und eigenverantwortlich arbeiten.

Kochbücher für den Verkauf vorbereiten

Wenn Ihre Schüler schon Erfahrung mit selbstständigem Arbeiten haben, werden Sie im Wesentlichen die Rolle des **Projektbegleiters und Beobachters** einnehmen können. Wenn Sie den Arbeitsprozess bewerten wollen, müssen Sie vor allem diese Phase nutzen, um Eindrücke von der Arbeit der Projektsteams zu sammeln und sich Notizen in die Beobachtungsbögen einzutragen. Ein großer **Vorteil** ist gerade in dieser Phase die **Arbeit im Lehrerteam**, weil Sie sich die Aufgaben teilen können.

Arbeitsschritte:
1. **Teamarbeit organisieren**
2. **Konflikte managen**
3. **Informationen einholen und auswerten**
4. **Projektfortschritt überprüfen**
5. **Ergebnis/Produkt fertig stellen**

1. Teamarbeit organisieren

Viele Schulen haben bereits ein **Kompetenzcurriculum** entwickelt und führen Teamtrainings mit ihren Schülern durch. Die Schüler sind in der Lage, in Gruppen effektiv zu arbeiten, weil sie wissen, wie sie die Arbeit in der Gruppe organisieren können. Wichtige Grundlagen sind die Gruppenregeln und die Rollenverteilung innerhalb der Gruppe, der Gruppenfahrplan und das Protokoll.

Erkundigen Sie sich vor einem Projekt, wie weit die Klasse gewohnt ist, selbstständig in Gruppen zu arbeiten. Bei unerfahrenen Klassen sollten Sie für die Organisation der Teamarbeit Hilfen geben!

Gruppenregeln vereinbaren

Jede Gruppe formuliert für sich Regeln, an die sich die Gruppenmitglieder während der Arbeit halten wollen. Sie werden schriftlich festgehalten, gezeichnet oder mit Symbolen dargestellt. Jeder Schüler legt den Bogen in seine Projektmappe.

Beispiel von einem Projektteam der 8. Klasse:
→ Bitte die Regeln beachten, denn nur so kann unser Projekt entstehen.
→ Zuhören und andere ausreden lassen.
→ Melden, wenn man etwas sagen möchte.
→ Keine Kritik und niemanden auslachen.

Gruppenrollen verteilen

Inwieweit in der Gruppe verschiedene Rollen verteilt werden, hängt von der Erfahrung der Schüler ab. Bei ungeübten Gruppen sollte **jeder Schüler** eine bestimmte Aufgabe übernehmen, damit deutlich wird, dass jeder für die Arbeit in der Gruppe **mit verantwortlich** ist.

→ **Zeitmanager:** achtet auf das Einhalten der Zeiten und erinnert an die noch zur Verfügung stehende Zeit

→ **Gesprächsleiter:** erteilt das Wort, fasst zusammen und gibt Impulse für die weitere Arbeit

→ **Protokollant:** hält das Erarbeitete schriftlich fest und stellt die Arbeitsergebnisse vor

Rollenkarten

→ **Materialwart:** ist zuständig für die Arbeitsmaterialien, die in der Gruppe benötigt werden

→ **Streitschlichter:** erinnert bei Bedarf an die „Teamuhr" und versucht, bei Streitigkeiten Klärungen herbeizuführen

→ **Beobachter:** spiegelt der Gruppe ihre Aktivitäten wider, gibt Rückmeldung über die Effektivität der Arbeit

Jedes Team entscheidet selbst, welche Aufgaben verteilt werden. Das kann je nach Art der Tätigkeit bzw. Projektphase auch unterschiedlich sein.

TIPP *Wenn Sie die Symbole für die Rollen auf Kärtchen ausdrucken und laminieren, können Sie sie immer wieder verwenden. Wenn die Schüler eine solche Karte bekommen, denken sie eher daran, ihrer Aufgabe nachzukommen.*

Bei länger andauernden Projekten sollte die Aufgabenverteilung immer wieder einmal wechseln.

Gruppenfahrplan

Der Gruppenfahrplan dient der Organisation der eigenen Arbeit und ist besonders für jüngere Schüler wichtig. Im Gruppenfahrplan können sie festhalten, welches Gruppenmitglied für welche Aufgabe zuständig ist. Durch die **schriftliche Festlegung** der verschiedenen Gruppenfunktionen erhalten diese eine größere Verbindlichkeit. Die Eintragungen können auch mit der Unterschrift bestätigt werden. Jedes Gruppenmitglied sollte den Gruppenfahrplan in der Projektmappe aufbewahren.

Projekteam: **The Eurogirls**			
Datum:			
14.2.	Pia	Katrin	Katha
15.2.	Katrin	Katha	Pia
21.2.	Katha	Pia	Katrin

Gruppenfahrplan

Ergebnis-Protokoll

Bei älteren Schülern ist das Ergebnisprotokoll von Arbeitstreffen unverzichtbar, auch jüngere Schüler sollten möglichst bald damit vertraut werden. Es dient der Übersicht über die eigene Tätigkeit und ist eine **wichtige Ergänzung zum Gruppenarbeitsplan**. Hier dokumentieren die Schüler im Anschluss an ihre Besprechungen, was sie bereits erledigt haben und wo sie gerade stehen.

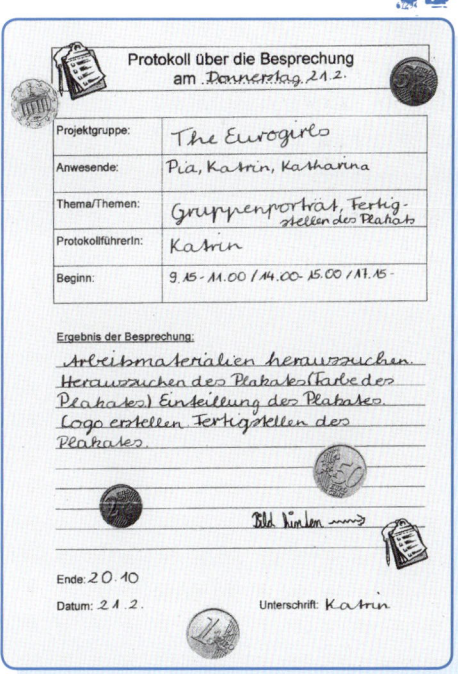

Ergebnisprotokoll

Ein einheitliches Formular erleichtert ihnen die Arbeit und spart Zeit. Es kann von den Schülern selbst entworfen werden, z.B. im Deutschunterricht, oder ihnen als Vorlage zur Verfügung gestellt werden.

Protokolle müssen bei länger dauernden Projekten nicht unbedingt von jedem Schüler geführt werden. Entweder gibt es einen Protokollanten, der regelmäßig dafür zuständig ist, oder die Aufgabe übernimmt bei jeder Sitzung ein anderes Gruppenmitglied. Es kann u.U. reichen, wenn das Protokoll für die anderen Gruppenmitglieder kopiert wird.

2. Konflikte managen

In den Projektteams kann es durch Konflikte in der Gruppe dazu kommen, dass die Arbeit nicht so läuft, wie es notwendig wäre. Wenn die Schüler bereits die „Teamuhr" kennen, wird vielleicht jemand aus der Gruppe die Initiative ergreifen und den Zeiger der „Teamuhr" auf die entsprechende Zeit stellen.

Vielleicht kommt die Gruppe dadurch zu der Erkenntnis, dass es sich bei dem aufgetretenen Konflikt um etwas durchaus „Normales" handelt, dass sie sich nämlich in der „Konflikt-phase" befinden. Diese Erkenntnis hilft, besser mit der aktuellen Situation umzugehen und den Konflikt zu lösen.

 Wichtiger Tipp: Die Gruppe sollte sich das gemeinsame Ziel noch einmal deutlich vor Augen halten!

„Auszeit" nehmen

Der Streitschlichter im Projektteam kann versuchen, den Konflikt zu schlichten, indem er der Gruppe eine „Auszeit" vorschlägt, damit das Team den bisherigen Ablauf der Arbeit anhand von einigen Leitfragen reflektiert.

Konfliktgespräch

Folgende Fragen könnt ihr euch bei einer „Auszeit" stellen:

ANLEITUNG

- Was haben wir bisher schon erreicht?
- Was haben wir gut gemacht?
- Wie können wir uns gegenseitig unterstützen?
- Was könnten wir besser machen?

Schaut euch eure Gruppenregeln noch einmal an: Sind vielleicht zusätzliche Vereinbarungen für einen besseren Umgang miteinander und eine gerechtere Verteilung der Arbeit erforderlich?

Den Reflexionsbogen-Konfliktgespräch einsetzen

AUF CD

Eine weitere Möglichkeit, Konflikten auf den Grund zu gehen, bietet der Reflexionsbogen (s. S. 108). Wenn jedes Gruppenmitglied erst einmal über das eigene Verhalten nachdenkt, kann es zum besseren gegenseitigen Verständnis kommen.

Umgang mit Konflikten: Rolle des Lehrers

Nicht alle Schüler können sich bei der Arbeit in Projektteams so einbringen, wie es wünschenswert wäre. Es kann vorkommen, dass ein Schüler in seinem Projektteam die Mitarbeit verweigert, im Extremfall sogar die Arbeit der anderen massiv stört und damit behindert.

Verschiedene Tipps und Hilfen wurden bereits genannt, die die Schüler ausprobieren können. Wenn dennoch ein Projektteam Sie um Hilfe bietet, weil es alle Möglichkeiten, zu einer einvernehmlichen Lösung zu kommen, aus-

Reflexionsbogen – Konfliktgespräch

Denke über dein Verhalten im Team nach …

Aufgabe:

Bewerte dein Verhalten bei der Gruppenarbeit mit 0 bis 4 Punkten. Dabei stehen 4 Punkte für eine sehr gute, 0 Punkte für eine schlechte Leistung.

Anschließend sprichst du mit deiner Gruppe darüber, wie du dich selbst siehst und wie die anderen dich sehen. Sucht Gründe für eine unterschiedliche Einschätzung.

Ich…	0	1	2	3	4
kann gut auf andere eingehen.			X		
spreche Missstände offen an.	X				
bringe die Arbeit voran.				X	
ermutige und unterstütze andere.			X		

Eine Eigenart von mir, die möglicherweise die Zusammenarbeit erschwert:

Ich rede wenig und sage oft nicht, was ich denke, weil ich Angst habe, dass die anderen mich nicht verstehen und sich über mich lustig machen.

Auf folgende Weise kann ich versuchen, dagegen anzugehen:

Mich trauen, mehr zu sagen, auch Kritik zu äußern, damit die anderen merken, dass ich die Arbeit trotzdem voranbringe.

© Verlag an der Ruhr
Postfach 10 22 51 – 45422 Mülheim an der Ruhr
www.verlagruhr.de – ISBN 978-3-8346-0440-8

Lernen mit Projekten – In der Gruppe planen, durchführen, präsentieren

geschöpft hat, müssen Sie bei einem Konflikt tätig werden. Allerdings sollten Sie sich vorher vergewissern, dass die verschiedenen Maßnahmen zur Lösung des Konflikts von dem Projektteam auch wirklich ergriffen und ausprobiert wurden: Am besten ist in jedem Fall eine **Konfliktlösung durch die Gruppe** selbst, die vielleicht doch noch durch Gespräche mit den einzelnen Beteiligten in die Wege geleitet werden kann.

Konfliktlösung im Gespräch

Die Konflikte in den Projektteams können unterschiedliche Ursachen haben. Von daher sind sicher auch unterschiedliche Maßnahmen erforderlich, damit die Projektteams anschließend erfolgreich weiterarbeiten können.

Im Folgenden werden einige **Ursachen für Konflikte** aufgeführt. Es wird außerdem versucht, Lösungen dafür aufzuzeigen. Inwieweit die vorgeschlagenen **Maßnahmen** greifen, hängt von verschiedenen Faktoren ab, u.a.
→ von der Atmosphäre in der Klasse,
→ von der Arbeitsweise der Lehrer in der Klasse,
→ von der Beziehung des Lehrers zu der Klasse.

Ursachen	Mögliche Maßnahmen
× Konflikte mit einem einzelnen Schüler: Probleme mit dem Thema	× Gespräch mit dem Schüler: versuchen, einen Aspekt zu finden, der doch von Interesse sein könnte × weitere Möglichkeit: andere Tätigkeit überlegen, die der Schüler ersatzweise übernehmen kann.
× Konflikte mit einem einzelnen Schüler: mangelnde Teamfähigkeit	× Möglichkeiten für Einzelarbeit bereithalten, z.B. bei länger dauernden Gruppenphasen einen Arbeitsplatz bereithalten, wo Aufgaben von Schülern in Einzelarbeit übernommen werden können, anschließend Rückkehr in das Projektteam × ansonsten wie oben eine Tätigkeit überlegen, die der Schüler ersatzweise übernehmen kann.

▶▶▶▶

▶▶▶▶

× Konflikte in der Gruppe: Probleme mit dem Thema	× Gespräche nacheinander mit allen Beteiligten, Ursachenforschung, Tipps für die Bearbeitung des Themas geben, klare Arbeitsteilung vereinbaren
× Konflikte in der Gruppe: Beziehungsprobleme	× Gespräche nacheinander mit allen Beteiligten × Teamtraining mit kooperativen Spielen einfügen × letzte Möglichkeit: Gruppenzusammensetzung ändern, dies aber vorher mit den anderen Gruppen besprechen

 **BEISPIEL**

In einem Projektteam hatten ein Junge und ein Mädchen mitten im Projekt ihre Beziehung beendet. Sie blockierten sich ständig gegenseitig. In diesem Fall wechselte der Junge in eine andere Gruppe, die bereit war, ihn aufzunehmen.

Grundsätzlich kommt es auf den Einzelfall an, und deshalb ist es sicher eine erste sinnvolle Maßnahme, ein **Gespräch mit den Beteiligten** zu führen, und zwar nicht mit allen gleichzeitig, sondern erst einmal mit jeder Partei allein.

Wenn es zeitlich möglich ist, lohnt es sich in jedem Fall, **kooperative Spiele** einzufügen. Auch die Bereitschaft, Schwierigkeiten mit dem Thema zu bewältigen, wird dadurch erhöht.

3. Informationen einholen und auswerten

 Bevor die Schüler in die Recherche eintreten, sollten sie sich ihr Ziel noch **TIPP** *einmal genau vor Augen halten!*

Als **Informationsquellen** dienen Schüler- oder Stadtbibliotheken mit ihrem Bestand an Sachbüchern, Nachschlagewerken, Lexika, Filmen, Tondokumenten, Zeitungen und Zeitschriften sowie das Internet.
Informationen bieten außerdem Ausstellungen, Messen, Museen, Denkmäler und weitere Sehenswürdigkeiten ebenso wie öffentliche Einrichtungen, Geschäfte und Firmen.

Informationen einholen

Folgende Fragen solltet ihr euch stellen, bevor ihr in die Recherche einsteigt:

- ☺ Welche Informationen brauchen wir, um unser Ziel zu realisieren?
- ☺ Was gehört alles zu unserem Thema?
- ☺ Was wissen wir schon?
- ☺ Welche weiteren Informationen brauchen wir noch?
- ☺ Wo und wie erhalten wir sie?

Die Schüler sollten sich gleich zu Beginn der Suche eine Checkliste mit den Informationsquellen erstellen. Dazu müssen sie wissen, wie Quellenangaben notiert werden.

Um sich **Informationsquellen** erschließen und sie bearbeiten zu können, müssen die Schüler grundlegende Techniken beherrschen, z.B. müssen sie Telefonate mit verschiedenen Ansprechpartnern führen, offizielle Briefe und E-Mails verfassen, Interviews und Umfragen vorbereiten und durchführen, Bilder, Diagramme und Texte auswerten, Internetrecherchen durchführen.

Diese Kompetenzen sind nicht nur für die Projektarbeit von Bedeutung, sondern werden auch im sonstigen Unterricht eingeübt. Sie sind an vielen Schulen bereits **Bausteine im Kompetenz-Curriculum** und werden in den verschiedenen Klassenstufen trainiert.

In diesem Kapitel werden deshalb nur Methoden näher erläutert, die gerade bei Projekten eine wichtige Rolle spielen, nämlich das Interview und die Umfrage. Außerdem werden einige Tipps zur Auswertung von Texten und zur Internetrecherche ergänzt.

Interview

Wenn Schüler Kenntnisse und Erfahrungen von Experten nutzen wollen, können sie ein mündliches oder schriftliches Interview durchführen, d.h. mit Tonaufzeichnung oder mit Notizblock arbeiten.

Interview mit einem Zeitzeugen zum Mauerfall:
Schüler der 7. Klasse haben Fragen ausgearbeitet, die sie einem ehemaligen Bürger Ostberlins stellen wollen, der beim Fall der Mauer als einer der ersten Westberlin betreten hat.

Interview durchführen

ANLEITUNG

Vorbereitung:
- Klärt im Projektteam, welche Informationen ihr mit dem Interview einholen wollt.
- Überlegt euch, wen ihr interviewen wollt.
- Informiert die Person, warum ihr das Interview durchführen wollt und was mit dem Ergebnis geschieht.
- Bittet die Person um das Gespräch, und klärt, wann und wo ihr das Interview durchführen könnt.
- Bittet um Erlaubnis, das Interview evtl. auch filmen zu dürfen.
- Bereitet eine Liste mit Fragen und Platz für Notizen vor.

Durchführung:
- Seid pünktlich und höflich.
- Hört eurem Interviewpartner gut zu, und fragt nach, wenn ihr etwas nicht verstanden habt.
- Bedankt euch für das Gespräch.

Auswertung:
- Besprecht in der Gruppe das Ergebnis, und vergleicht eure Informationen.
- Fasst die Informationen zusammen, die ihr für eure weitere Arbeit an eurem Thema braucht.

Umfrage

Wenn es darum geht, detaillierte Informationen zu bekommen, die schriftlich festgehalten und ausgewertet werden sollen, sollten die Schüler einen **Fragebogen entwickeln**.

Projekt: Altenheim   Klasse 8a Realschule

Sehr geehrte Senioren,
wir würden gern an einem Nachmittag Ihr Altenheim besuchen und Ihnen etwas vortanzen bzw. singen. Es wäre nett, wenn Sie uns die folgenden Fragen beantworten würden.

                    Mit freundlichen Grüßen Kl. 8a

Was für eine Musikrichtung hören Sie?
☒ Volksmusik
☐ Schlager
☐ Rockmusik/Pop
☒ Sonstige, welche *Kirchenlieder*

Hören Sie gerne Weihnachtslieder?
☒ Ja
☐ Nein
Wenn ja, welche? *Süßer die Glocken nie klingen*

Tanzen Sie gerne?
☒ Ja, *früher*
☐ Nein
Wenn ja, was? _____

Spielen Sie gerne Gesellschaftsspiele?
☒ Ja
☐ Nein
Wenn ja, welche? *Mensch-ärgere-dich-nicht*

                    Vielen Dank für Ihre Aufmerksamkeit!

Einen Nachmittag im Altenheim gestalten:
In der Planungsphase haben die Schüler bereits abgeklärt, in welchem Altenheim sie diese Feier durchführen können. Damit die Lieder den Geschmack der alten Menschen treffen, haben sie eine Umfrage durchgeführt und ausgewertet.

Umfrage durchführen

Vorüberlegungen:

ANLEITUNG

◉ Besprecht in eurem Team, welche Informationen ihr mit dem Fragebogen einholen wollt.
◉ Überlegt euch, wen ihr fragen wollt (z.B. nur junge Leute, nur Frauen etc.).
◉ Legt fest, wo und wann ihr eure Umfrage durchführen wollt und wie viele Personen ihr mindestens befragen wollt.

Gestaltung des Fragebogens:
◉ Überlegt euch die Anzahl der Fragen: nicht mehr als 10.
◉ Formuliert einfache und verständliche Sätze.
◉ Überlegt euch, welche Art von Fragen ihr stellen wollt:
❏ Alternativfragen, die man z.B. mit ja oder ein beantworten kann, sind einfach auszuwerten, geben aber oft nur allgemeine Informationen.
❏ Auswahlfragen geben verschiedene Antworten zum Ankreuzen vor, schränken den Befragten von daher bei seinen Antworten ein.
❏ Offene Fragen lassen zusätzliche Informationen zu, sind sehr informativ, aber aufwändig auszuwerten.
◉ Überlegt euch, ob es wichtig für die Auswertung ist, welches Geschlecht die Befragten haben, wie alt sie sind oder ob noch etwas anderes wichtig ist.
◉ Beachtet, dass der Bogen übersichtlich und logisch aufgebaut ist und ihr Platz habt für die Antworten.

Durchführung der Umfrage:
◉ Sprecht die Personen, die ihr befragen wollt, höflich und freundlich an.

- Stellt euch kurz vor, am besten mit einem Dokument eurer Schule, und erklärt, worum es geht.
- Fragt nach, ob ihr das Gespräch aufnehmen dürft. Sonst müsst ihr euch Notizen machen.
- Bedankt euch nach der Befragung bei euren Gesprächspartnern.

Auswertung:
- Fasst je nach Art der Fragen die Ergebnisse zusammen.
- Erstellt Diagramme oder Schaubilder.

Auswertung von Texten

Die Bearbeitung von Sachinformationen aus Zeitungen, Zeitschriften etc. fällt vielen Schülern leichter, wenn sie eine genaue Anleitung haben, nach der sie vorgehen können.

Auswertung von Texten

- Überfliege die Überschrift und die einzelnen Abschnitte, damit du weißt, um was es geht.
- Stelle dir Fragen:
  - ❏ Um welches Thema geht es?
  - ❏ Welche Personen/Ereignisse etc. kommen vor?
  - ❏ Was will der Text mir mitteilen?
- Lies den Text gründlich, und markiere die wichtigsten Stellen.
- Lege nach gründlichen Überlegungen eine Mindmap® an, um die Gesichtspunkte bzw. Gliederungspunkte optisch klar darzustellen, oder schreibe eine Zusammenfassung des Textes.

ANLEITUNG

Vorgehen bei der Internetrecherche

Internetrecherche kann sehr hilfreich, aber auch „erschlagend" sein.
Für jüngere Schüler sollte der Lehrer die Recherche auf einige wichtige
Seiten beschränken, über die er sich vorher informiert hat.

Internetrecherche

- Wenn ihr zu eurem Thema Informationen einholen wollt,
  könnt ihr euch der Suchmaschinen bedienen, z.B. Google,
  Yahoo …
- Eure Suche ist umso erfolgreicher, desto klarer die Stichwörter
  sind, die ihr eingebt.
- Grenzt den Suchbegriff möglichst ein, indem ihr Zusammenset-
  zungen von zwei oder mehreren Wörtern in Anführungsstriche
  setzt.
- Bedient euch der online-Lexika, z.B. wikipedia.de, die oft auch interessante Verlinkungen anbieten, die euch weiterhelfen können.
- Ladet die Artikel, die euch interessant erscheinen, möglichst auf
  euren PC, um sie in Ruhe zu bearbeiten und zu kürzen.
- Erst dann solltet ihr das für euer Thema geeignete Material ausdrucken.

Wichtig: Notiert euch sofort die Seite, die euch Informationen liefert.
Sonst habt ihr später Probleme bei der Quellenangabe!

4. Projektfortschritt überprüfen

In Ihrer Rolle als Projektleiter werden Sie vor allem bei den Meilensteinen aktiv sein, um die **Treffen der Projektteams zu koordinieren und zu moderieren**. Bei umfangreichen Projekten können Sie von den Teams Zwischenberichte einfordern, um einen Überblick über den Projektfortschritt zu haben. Das bedeutet, dass zusätzliche Meilensteine für weitere Treffen eingefügt werden. Wenn es Schwierigkeiten bei der Realisierung des Vorhabens gibt, kann eine Korrektur der Planung oder zumindest eine erneute Abstimmung der Projektteams erforderlich sein.

Meilenstein: Zwischenbericht

Wenn Sie mit den Projektteams einen Meilenstein gesetzt haben, um eine **Zwischenbilanz** zu ziehen, können Sie den Gruppen zur Vorbereitung auf diese Sitzung die Anregungen geben, wie sie sich vorbereiten können.

Bevor die Teams auf das eingehen, was noch zu tun ist, sollten sie festhalten, was sie schon erreicht haben, vor allem auch das, was positiv gelaufen ist.

Vorbereitung eines Zwischentreffens

Zur Vorbereitung auf unser Treffen solltet ihr euch folgende Fragen stellen:

1. Was haben wir bisher erreicht?
   - Über welche Erfolge freuen wir uns besonders?
   - Worauf sind sie zurückzuführen?

2. Helfen uns diese Erfolge bei der weiteren Planung?

3. Was ist noch zu tun, damit wir unser Ziel erreichen?

Zwischenbericht

Namen der Gruppenmitglieder:	Steffi, Lisa, Nadine, Jenny, Hella
Thema:	Christmas Carols
Unser Ziel:	Bei der Weihnachtsfeier im Altenheim am 12. 12. Lieder singen, um den alten Leuten eine Freude zu machen.

Wir bearbeiten zurzeit folgende Aufgaben:

1. Einüben der Lieder
2. Weihnachtsgeschichte suchen zum Vorlesen
3. Absprache mit dem Altenheim wegen dem Keyboard

Folgendes müssen wir noch erledigen:

1. Liedertexte möglichst auswendig können
2. Reihenfolge und Überlegungen zusammenstellen
3. Festlegen was wir anziehen
4. Proben

Unser Zeitplan:

Ist in Ordnung wie geplant!

Datum: 15. 11.   ProtokollführerIn: Steffi

© Verlag an der Ruhr
Postfach 10 22 51 – 45422 Mülheim an der Ruhr
www.verlagruhr.de – ISBN 978-3-8346-0440-8

Lernen mit Projekten – In der Gruppe planen, durchführen, präsentieren

Der **Zwischenbericht** muss in den Projektteams **gut vorbereitet** werden. Die Schüler müssen sich darüber klar werden, was sie schon geleistet und was sie noch vor sich haben. Das erfordert **Reflexionskompetenz**, denn sie müssen den Projektablaufplan mit ihren eigenen Plänen vergleichen und festhalten, was sie noch erledigen müssen. Für den Zwischenbericht können Sie ein **Formular** zur Verfügung stellen, das von den Schülern ausgefüllt wird.
Bei umfangreichen Projekten können Sie einen solchen Bericht auch mehrmals einfordern, um den Überblick über den Projektfortschritt zu behalten.

Vor dem gemeinsamen Treffen sollten Sie die Berichte durchsehen, um sich auf **Planungsprobleme oder andere Schwierigkeiten** vorbereiten zu können.

Der Bericht über den aktuellen Stand der Arbeit kann als **Präsentationstraining** genutzt werden, bei dem jeder Schüler einmal an die Reihe kommt und möglichst frei die Zwischenergebnisse vorträgt.
Anschließend wird erst von den einzelnen Mitgliedern und dann vom Projektteam reflektiert, was schon gut gelungen ist bzw. was noch zu trainieren und zu verbessern ist. Das ist eine gute **Vorübung auf die abschließende Evaluation**.

BEISPIEL

> Gut war: abwechslungsreich, alle haben vorgetragen, gute Beiträge, viel Beifall gekriegt.
> Das könnten wir verbessern: größere Schrift auf den Plakaten, jeder muss wissen, wann er dran ist.
> Das möchten wir für die nächste Präsentation trainieren: lauter und deutlicher sprechen.

Jeder Schüler muss den Zwischenbericht in seine **Projektmappe** einfügen.

Ablaufplan überprüfen

Der Zwischenbericht macht deutlich, ob alle Gruppen im Zeitplan liegen. Wenn einzelne Gruppen ihren Zeitplan nicht einhalten können, erweist es sich als **Vorteil**, wenn vorher **Puffer eingeplant** wurden. Manchmal sind diese Puffer aber auch schnell aufgebraucht, und es muss auf andere Weise eine Lösung gefunden werden.

BEISPIEL

Altenheim-Projekt: Bei der Gruppe, die eine Fotoshow geplant hatte, kam es zu Verzögerungen. Das lag zum einen daran, dass die Gruppe zu spät „in die Gänge" gekommen war, zum anderen aber auch daran, dass das Wetter in der vorweihnachtlichen Jahreszeit für Fotoaufnahmen oftmals nicht geeignet war. Die Gruppe musste ihre Termine deshalb mehrmals verschieben und stellte auch die Auswahl der Motive immer wieder zur Diskussion.
So gab es auch Probleme mit den Informationen zu den einzelnen Motiven. Gewisse Ängste vor der Präsentation dürften sicher auch ein Grund für die Verzögerung gewesen sein.
Schließlich wurde entschieden, die Gruppe aus dem weihnachtlichen Programm herauszunehmen. Mit einem anderen Heim vereinbarte die Gruppe einen Termin für das Frühjahr, der dann auch eingehalten und ein Erfolg wurde.

Verzögerungen können unterschiedliche Gründe haben, die nicht allein von einem Projektteam zu verantworten sind. Gerade wenn mit außerschulischen Einrichtungen zusammengearbeitet wird, können sich Verschiebungen ergeben, die **Auswirkungen auf den Gesamtplan** haben.
Wenn vorher festgelegte Termine eingehalten werden müssen, z.B. die Teilnahme an einem Wettbewerb, müssen weitere Arbeitsstunden eingefügt werden, was nicht immer einfach ist. Ansonsten müssen die Projektteams weitere zusätzliche Termine außerhalb der Schulzeit vereinbaren.

BEISPIEL

Für die Finanzierung der Kochbücher sollte Werbung von einheimischen Geschäften eingefügt werden. Dabei stellte die zuständige Gruppe fest, dass nicht alle Geschäfte entsprechende Unterlagen hatten. Deshalb erstellten sie selbstständig die Werbeseiten für diese Geschäfte, was natürlich mehr Zeit in Anspruch nahm, als dafür eingeplant worden war. In der betreffenden Woche mussten sie zwei weitere Stunden und einen zusätzlichen Nachmittag für ihre Arbeit einplanen.

5. Produkt/Ergebnis fertig stellen

Die Informationen sind einge-
holt und ausgewertet worden
und haben damit die wei-
teren Arbeitsschritte einge-
leitet. Nun kann es daran
gehen, das Produkt bzw. Ergebnis, das man sich als Ziel
gesetzt hat, fertigzustellen.

Musical-Aufführung

BEISPIEL

Beispiel Altenheim: Nach Auswertung der Umfrage werden die Liedertexte zusammengestellt, außerdem wird
nach einer Begleitung durch ein Instrument gesucht.
Glücklicherweise ist ein Vater bereit, die Schüler mit dem Keyboard zu
begleiten. Der lange geplante Auftritt im Altenheim wird ein voller Erfolg. Die Gruppe hat ihr Ziel erreicht. Das Produkt bzw. Ergebnis ihrer
Arbeit ist die Weihnachtsfeier im Altenheim.

Die **Produkte bzw. Ergebnisse** können sehr **unterschiedlicher Art** sein, z.B.
→ ein greifbares Produkt wie das Kochbuch der JUNIOR-Firma,
→ ein englisches Frühstück,
→ eine Studie zum Thema „Freizeitverhalten",
→ eine Weihnachtsfeier im Altenheim,
→ die Durchführung eines Schulsporttages,
→ eine Zusammenstellung von Informationen über den Euro,
→ ...

*Ermöglichen Sie für die Produkt-/Ergebnispräsentation einen angemes-
senen Rahmen. Der Erfolg muss gefeiert werden! Sie oder die Schüler
können die Presse einladen, um über die Leistung der Schüler zu berichten.
Fotos machen!*

Wenn die Durchführung der Arbeit in den Gruppen abgeschlossen und das Produkt oder Ergebnis fertig gestellt ist, werden die Projektmappen überprüft und ergänzt. Damit geht das Projekt in die Abschlussphase.

Aufgabenverteilung für die Durchführungsphase:

Schüleraktivitäten	Lehreraktivitäten
× Gruppenarbeit organisieren × Konflikte managen	× Ansprechpartner sein, evtl. Hilfe geben × Evtl. als Streitschlichter agieren
× Informationen einholen, bearbeiten und auswerten	× Arbeit der Teams beobachten und Notizen machen × Evtl. methodische Hilfen geben
× Zwischenberichte erstellen und präsentieren × Evtl. Korrekturen bei der Planung vornehmen	× Zwischenberichte einfordern × Sitzungen moderieren × Projektfortschritt überprüfen und Ablaufplan u.U. korrigieren
× Produkt/Ergebnis fertig stellen	× Ansprechpartner sein

Überdenken Sie immer wieder, wie viel Eigenverantwortung Sie Ihren Schülern übertragen können. Manchmal trauen Sie ihnen vielleicht zu wenig zu!

Abschluss

„Das Geheimnis des Erfolges ist die Beständigkeit des Ziels."
Benjamin Disraeli

Nun geht es in die letzte Etappe, den Projektabschluss.
Diese Phase umfasst die **Dokumentation und Präsentation**
des Projekts, die **Bewertung und die Evaluation**.
Nicht nur ein erfolgreich durchgeführtes Projekt kann diese
Phase zur Zufriedenheit aller Beteiligten durchlaufen, auch
oder gerade die Reflexion des Scheiterns kann eine Chance
für einen erheblichen Lernzuwachs bieten.

Arbeitsschritte
1. Bewertung vorbereiten
2. Dokumentation oder Portfolio erstellen
3. Präsentation vorbereiten
4. Im Team präsentieren
5. Bewertung durchführen
6. Prozess und Ergebnis evaluieren

1. Bewertung vorbereiten

Was kann in einem Projekt bewertet werden?

Projektdokumentation oder Portfolio
Jeder Schüler hat zu Beginn des Projekts eine Projektmappe angelegt und
alle Materialien gesammelt, die während des Projektverlaufs angefallen sind.
Daraus kann eine Projektdokumentation oder ein Portfolio gestaltet werden.

Präsentation
Das Ergebnis der Projektarbeit kann in einer **Team-Präsentation** vorgestellt
werden. Die Schüler haben verschiedene Präsentationsformen kennen gelernt
und trainiert. Nun kommen die fachlichen, methodischen, sozialen und personalen Kompetenzen zum Tragen. Die Bewertungskriterien dafür werden
vorher festgelegt und eingeübt.

BEISPIEL

Die Ergebnisse des Altenheim-Projekts waren bei den einzelnen Projektteams die Vorführungen in den Altenheimen (Tanzen, Singen, Fotoshow). Anschließend wurden diese Ergebnisse reflektiert, dokumentiert und den Eltern bei einer abendlichen Veranstaltung präsentiert. Hier wird also unterschieden zwischen dem Ergebnis des Projektes und der Darstellung des Ergebnisses in Form einer Präsentation.

Arbeitsprozess

Bewertet werden kann der Arbeitsprozess in den Projektteams. Projektarbeit ist in der Regel Teamarbeit, bei der Gruppenprozesse eine wichtige Rolle spielen. Deshalb sind soziale und personale Kompetenzen erforderlich, für das Vorgehen bei der gemeinsamen Arbeit auch methodische Kompetenzen.

Wie kann bewertet werden?

Da viele Lehrer noch wenig Erfahrung mit der Bewertung von Projekten haben, wird hier ein Bewertungskonzept vorgeschlagen, das sich in der Praxis bewährt hat. Es besteht aus je einem Bewertungsbogen mit jeweils drei Bewertungsbausteinen.

Auf der CD liegen Bewertungsbögen mit zwei Niveaustufen vor: Der Bogen Bewertung der Projektarbeit A ist für Kleinprojekte bzw. Schüler und Lehrer mit wenig Projekterfahrung konzipiert, der Bogen Bewertung der Projektarbeit B für umfangreiche Projekte bzw. für Lehrer und Schüler, die bereits Projekterfahrung mitbringen.

Die folgenden drei Bausteine können bewertet werden:
→ die Projektdokumentation,
→ die Präsentation,
→ der Arbeitsprozess.

Die Bögen sind bewusst so gestaltet, dass Sie auch dann, wenn Sie alle drei Bausteine einsetzen möchten, nur einen Bogen für jede Gruppe haben, auch wenn der Bogen dadurch sehr eng und klein beschriftet ist. Das erleichtert die Übersicht, denn Sie sehen alle Schüler einer Gruppe auch im Vergleich.

Jeder Bewertungsbaustein ist mit 24 Punkten gewichtet. Sie können ihn auch einzeln sowie in unterschiedlichen Kombinationen verwenden. Welchen Baustein bzw. welche Bausteine Sie auswählen, hängt von verschiedenen Faktoren ab.

➜ Es kann sein, dass Sie bei einer Klasse bestimmte Kompetenzen besonders fördern möchten und deshalb bei der Bewertung einen **Schwerpunkt** auf den entsprechenden Baustein setzen.

> Sie möchten bei der einen Klasse die Präsentationskompetenz fördern. Bei einer anderen Klasse erscheint es Ihnen wichtiger, den Arbeitsprozess oder die Dokumentation zu bewerten.

➜ Sie können die **beiden Niveaustufen** auch kombinieren.

> Für die Dokumentation setzen Sie den Bogen A ein, für die Präsentation den Bogen B. Bei beiden Niveaustufen ist ein 24-Punkte-Schlüssel verwendet worden, was die Kombination erleichtert.

➜ Sie können **unterschiedliche Gewichtungen** vornehmen.

> Sie werten die Teampräsentation einfach, den Arbeitsprozess zweifach, indem Sie die Punktzahl dafür verdoppeln. Dann können Sie trotzdem den vorgeschlagenen Bewertungsschlüssel mit max. 72 Punkten verwenden.

Beginnen Sie mit einem Bewertungsbaustein, bei dem Sie sich sicher fühlen, z.B. mit der Bewertung der Dokumentation und/oder der Präsentation. Am besten beginnen Sie mit dem Anspruchsniveau A. Weitere Kriterien können Sie nach und nach ergänzen.

Wie können die Kriterien festgelegt werden?

Sie haben, abhängig vom Alter und der Reife der Schüler, die Möglichkeit, die Bewertungskriterien und die Gewichtung der einzelnen Bereiche entweder allein oder mit den Schülern gemeinsam festzulegen.

→ **Festlegung durch den Lehrer:** Damit legen Sie allein fest, welche Kriterien Sie für die Klasse als wichtig erachten. Das ist die meist übliche Vorgehensweise. Dazu können die vorgestellten Bausteine verwendet werden.

> Ihnen sind die Führung der Projektdokumentation und die Präsentation besonders wichtig, also bringen Sie diese Kriterien für die Bewertung ein und entscheiden auch über die Gewichtung.

→ **Festlegung gemeinsam mit den Schülern:** Erfahrene Schüler sind in der Lage, selbstständig Kriterien für die Bewertung auszuwählen und zu diskutieren. Schülern, die noch weniger Erfahrung haben, können Sie Beispiele an die Hand geben, aus denen sie auswählen können (s. weitere Beispiele S. 127). Die endgültigen Kriterien legen Sie dann gemeinsam mit den Schülern fest. So haben beide Seiten die Möglichkeit, Vorschläge einzubringen und zu diskutieren.

> Den Schülern sind die Arbeitsprozesse in den Projektteams ebenso wichtig wie die Projektmappe und die Präsentation, deshalb einigen Sie sich darauf, alle drei in die Bewertung aufzunehmen.

Wenn die Schüler bei der Festlegung der Kriterien einbezogen werden, sollten Sie ausreichend Zeit einplanen. Das lohnt sich in jedem Fall bei umfangreichen Projekten oder projekterfahrenen Schülern.
Die Erfahrung zeigt, dass Schüler, die bei diesem Prozess beteiligt werden, die Kriterien wichtiger nehmen. Sie können sich mit den Anforderungen eher identifizieren.

Wenn Sie die Bewertung mit den Schülern gemeinsam entwickeln, können Sie die vorgeschlagenen Bausteine leicht abändern, indem Sie andere Kriterien einfügen und/oder andere Gewichtungen vornehmen.

Im Folgenden werden weitere Kriterien für die methodischen, sozialen und personalen Kompetenzen aufgeführt, die bei jedem Projekt eine Rolle spielen können. Sie sind **als Anregung** für Sie und auch für die Schüler gedacht, die die Kriterien selbst auswählen können. Sie ersetzen oder ergänzen die in den Bewertungsbögen vorgeschlagenen Kriterien.

Methodische Kompetenz: Schüler ...
→ bringen Ideen ein und bewerten sie,
→ stellen Kontakte zu außerschulischen Experten her,
→ reflektieren Gruppenprozesse und den Projektverlauf,
→ können sich selbst und andere bewerten.

Soziale Kompetenz: Schüler ...
→ beziehen die Meinung anderer ein,
→ erkennen Probleme und suchen nach Lösungen,
→ halten sich an Gruppenregeln,
→ können Feedback geben und annehmen.

Personale Kompetenz: Schüler ...
→ übernehmen Verantwortung,
→ stellen Aufgaben termingerecht fertig,
→ erscheinen pünktlich mit den notwendigen Materialien,
→ übernehmen Aufgaben auch außerhalb des Unterrichts.

Wenn Sie noch wenig Erfahrung mit dieser Art der Bewertung haben, sollten Sie sich auf wenige Kriterien beschränken, die Sie dafür genauer beobachten können.

2. Dokumentation oder Portfolio erstellen

Die Schüler haben ihre Materialien zusammengetragen, z.B. Thema und Ziel-formulierungen, Arbeits- und Zeitpläne, Erfahrungsberichte, Protokolle, Tage-bucheinträge, Zwischenberichte, Dokumentation von Recherchen, Feedback-bögen, Selbsteinschätzungsbögen und vieles andere. Diese Unterlagen werden sie nun sichten, ordnen und ergänzen, um daraus eine Dokumentation oder ein Portfolio zu erstellen.

Projektdokumentation

Zuerst müssen Sie festlegen, ob jeder Schüler eine eigene oder die Gruppe eine gemeinsame Dokumentation erstellen soll. Zumindest bei umfangreichen Projekten ist es sinnvoll, dass jeder Schüler eine eigene Dokumentation gestaltet. Denn damit setzt er sich selbst noch einmal mit dem Projektthema auseinander und reflektiert auch den Arbeitsprozess und die Erfolge und Schwierigkeiten während des Projektverlaufs.

Wenn die Projektteams eine gemeinsame Dokumentation erstellen, was sich eher bei Kleinprojekten anbietet, müssen Sie festlegen, ob die unterschiedlichen Arbeitsteile der einzelnen Gruppenmitglieder deutlich werden müssen. Es gibt gemeinsame Teile, aber jeder sollte auch seinen eigenen Anteil einbringen.

Der Umfang und die Gestaltung der Dokumentation richten sich nach dem Alter und den Vorkenntnissen der Schüler. Bei jüngeren Schülern bzw. bei einem Kleinprojekt kann es durchaus ausreichen, wenn die Materialien der Projektmappe vollständig und geordnet sowie übersichtlich und ansprechend gestaltet sind. Die folgenden Anleitungen sind für die unterschiedlichen Niveaustufen formuliert.

Dokumentation (A)

ANLEITUNG

- Sichte das Material, das du in deiner Projektmappe gesammelt hast.
- Versuche, es zu ordnen, entweder nach dem Projektverlauf (das ist meist zu empfehlen) oder nach den verschiedenen Arten von Materialien, z.B. Protokolle, Reflexionsbögen, Bilder …
- Versuche, eine sinnvolle Reihenfolge für die Materialien zu finden und eine übersichtliche Gliederung zu erstellen.
- Gestalte das Deckblatt und die einzelnen Seiten sorgfältig, damit der erste Eindruck positiv ist.

Dokumentation (B)

◎ Sichte das Material, das du in deiner Projektmappe gesammelt hast.

◎ Versuche, es zu ordnen, entweder nach dem Projektverlauf (das ist meist zu empfehlen) oder nach den verschiedenen Arten von Materialien, z.B. Protokolle, Reflexionsbögen, Bilder …

◎ Überlege dir, welche Unterlagen du als Original beifügen willst und was du in Form von eigenen Texten beschreiben willst.

◎ Erstelle einen ausführlichen Bericht zu deinem Arbeitsschwerpunkt. Er sollte enthalten: Zielbeschreibung, Arbeitsablauf und Ergebnis, Lernerfolge, Eindrücke und Erfahrungen.

◎ Veranschauliche den Bericht möglichst mit Fotos, Grafiken, Zeichnungen, Diagrammen …

◎ Versuche, eine sinnvolle Reihenfolge für die Materialien zu finden und eine übersichtliche Gliederung zu erstellen.

◎ Gestalte das Deckblatt und die einzelnen Seiten sorgfältig, damit der erste Eindruck positiv ist.

◎ Ergänze ein Inhaltsverzeichnis mit Seitenzahlen.

◎ Füge die Quellenangaben hinzu.

ANLEITUNG

Die **Bewertungskriterien für die Dokumentation** werden von Ihnen allein oder gemeinsam mit den Schülern rechtzeitig festgelegt. Die Schüler sollten den Bewertungsbogen rechtzeitig zu ihren Unterlagen nehmen, damit sie ihn entsprechend berücksichtigen können.

AUF CD

Auf der CD befinden sich zwei Bewertungsbögen für die Dokumentation, Anspruchsniveau A und Anspruchsniveau B („Bewertung der Projektdokumentation", A/B). Bei dem vorgeschlagenen Bewertungsbaustein werden der Inhalt (14 Punkte) und die Gestaltung (10 Punkte) bewertet, der Inhalt wird also höher gewichtet. Natürlich können Sie die Gewichtung auch anders verteilen. Die beiden Bewertungsbögen auf der CD sind für vier Schüler gestaltet und möglichst einfach gehalten. Sie können auch auf 5 oder 6 Schüler erweitert werden. Prüfen Sie, ob die Bögen alle für Ihr spezielles Projekt wichtigen Kriterien enthalten. Sie haben hier unterschiedliche Möglichkeiten des Einsatzes: Sie können die Bögen verteilen und evt. gemeinsam mit den Schülern weitere Kriterien ergänzen, oder Sie sammeln zunächst Kriterien mit den Schülern, ändern die Bögen entsprechend und teilen sie dann erst aus.

Projekt-Portfolio

Das Portfolio bietet den Schülern die Möglichkeit, den eigenen Lernprozess zu dokumentieren und – das ist besonders wichtig – immer wieder zu reflektieren.[52] Jeder Schüler führt daher sein individuelles Portfolio. Dafür werden die Materialien ebenfalls in der Projektmappe gesammelt.

Da es beim Portfolio vor allem um die Dokumentation und Reflexion des Lernprozesses geht, ist es sinnvoll, dass jeder Schüler ein Projekt-Tagebuch führt, in dem er in regelmäßigen Abständen seinen Lernfortschritt und den Gruppenprozess kommentiert. Er beschreibt Probleme und Konflikte, die aufgetreten sind, und Lösungswege, die er angedacht oder beschritten hat. Der Schüler stellt selbstständig eine Auswahl der Unterlagen zusammen, mit denen er den Arbeitsprozess und seine persönliche Entwicklung dokumentiert.

Projekt-Portfolio

- ◎ Sichte das Material, das du in deiner Projektmappe gesammelt hast.
- ◎ Versuche, es zu ordnen, und wähle die Materialien aus, auf die du genauer eingehen möchtest.
- ◎ Kommentiere deine Auswahl. Dazu kannst du dir folgende Fragen stellen:
  - ❑ Wurden die gesteckten Ziele erreicht?
  - ❑ Wurden die Struktur- und Ablaufpläne eingehalten?
  - ❑ Wie ist der Teamprozess verlaufen (Probleme, Konflikte, Lösungswege)?
  - ❑ Was habe ich persönlich dazu gelernt?
  - ❑ Welche Eindrücke und Erfahrungen waren für mich besonders wichtig?
- ◎ Versuche, eine sinnvolle Reihenfolge für die Materialien zu finden und eine übersichtliche Gliederung zu erstellen.
- ◎ Gestalte das Deckblatt und die einzelnen Seiten sorgfältig. Wichtig ist, dass der erste Eindruck positiv ist.

---

[52] *Wiedenhorn, Thomas: Das Portfolio-Konzept in der Sekundarstufe, S. 7*

Einige grundlegende Bewertungskriterien entsprechen denen der Dokumentation. Da allerdings die Reflexion beim Portfolio eine größere Rolle spielt, ist sie bei dem Bewertungsvorschlag ein eigener Bereich (Vorlage: „Bewertung des Portfolios, A und B"). Der Bewertungsvorschlag ist nicht nach den Niveaustufen A und B untergliedert. Die Abstufung ergibt sich hier nicht durch die Anzahl der Kriterien, sondern dadurch, wie umfassend diese Kriterien erfüllt werden.

Der Bewertungsbogen auf der CD ist mit einer Gewichtung der drei Kriterienblöcke versehen. Für den Inhalt können max. 8 Punkte, für die Gestaltung max. 6 Punkte und für die Reflexion max. 10 Punkte vergeben werden.

Auch hier können Sie natürlich Veränderungen in der Gewichtung vornehmen, ebenso können Sie den Bogen ergänzen bzw. mehr ausdifferenzieren.

3. Präsentation vorbereiten

„Der Anfang prägt, das Ende haftet."

Es gibt zweierlei Arten von Präsentationen, die Sie bewerten können:

→ Zum einen gibt es Präsentationen, die das Ergebnis des Projekts sind, wenn z.B. eine Veranstaltung durchgeführt wird, bei der die Schüler singen und Theater spielen, also auf diese Weise etwas präsentieren. Die Arbeitsschwerpunkte der einzelnen Gruppen werden nun zu einem Gesamtergebnis zusammengefügt, das vor Publikum präsentiert wird.

→ Zum anderen kann in einer Präsentation der Projektverlauf dargestellt und reflektiert werden. Dann ist die Präsentation bei der Veranstaltung ein Teil des Projektverlaufs. Diese Art der Präsentation stützt sich meist auf die Dokumentation, die die Schüler erstellt haben.

Für beide Arten gilt, dass die Präsentationen ein wesentlicher Teil des Gesamtprojekts, oft sogar der Höhepunkt der gemeinsamen Arbeit sind. Hier können die Schüler zeigen, was sie geleistet haben.

Zu Beginn sind Präsentationen bei vielen Schülern mit der Angst verbunden, sich vor anderen zu blamieren. Diese Befürchtung legt sich erst nach häufiger Übung und damit zunehmender Sicherheit.

Schüler sind bei einer Präsentation, vor allem, wenn sie in größerem Rahmen stattfindet, in besonderem Maße gefordert und müssen in kleinen Schritten darauf vorbereitet werden. Deshalb ist das Präsentationstraining ein wichtiger Baustein im Projektcurriculum.

 Wenn Schüler schon in den unteren Klassenstufen kleinere Präsentationen gestalten und das Niveau kontinuierlich angehoben wird, sind die Ängste bei solchen Auftritten später erheblich geringer.

Voraussetzungen für Präsentationen

Um erfolgreich präsentieren können, benötigen Schüler Voraussetzungen in vier Kompetenzbereichen:
→ Fachliche Kompetenz: Sie haben sich mit dem Thema gründlich beschäftigt und kennen sich auf dem Gebiet aus.
→ Methodische Kompetenz: Sie kennen Methoden, mit denen sie das Thema anderen verständlich und abwechslungsreich darbieten können.
→ Soziale Kompetenz: Sie zeigen, dass sie in der Gruppe interagieren können.
→ Personale Kompetenz: Sie sind in der Lage, vor einem Publikum etwas engagiert und überzeugend vorzustellen.

Durch die Präsentationen werden die fachlichen und überfachlichen Kompetenzen und damit die Persönlichkeitsentwicklung gefördert. Sie sind ein wichtiger Baustein bei der Förderung von Berufskompetenz. Eine erfolgreiche Präsentation führt zu einer Steigerung des Selbstbewusstseins.

 *Wenn Sie einen Meilenstein mit einer Kurzpräsentation der einzelnen Gruppen verbinden, können die Schüler bereits während des Projektverlaufs kleinere Präsentationen trainieren. Sie können Teilergebnisse vorstellen und anschließend ihren Auftritt reflektieren, indem sie eine Zwischenbilanz ziehen.*

Rahmenbedingungen berücksichtigen

Die Vorüberlegungen, die die Schüler für eine Präsentation anstellen, sind eine wichtige Voraussetzung für den Erfolg. Eine gute Planung, bei der sie die Rahmenbedingungen und Risiken vorher abgeklärt haben, kann erheblich zur Sicherheit der Beteiligten beitragen.

Fünf-Punkte-Katalog:

Zielgruppe: Für wen wird präsentiert? Welche Erwartungen hat die Zielgruppe?	× **Eltern:** Interesse am **Ergebnis** des Projekts, aber auch an den **Erfahrungen**, die ihre Kinder dabei gemacht haben. × **Öffentlichkeit:** evtl. mehr Interesse am **Ergebnis**. ▪ Beachten: Anzahl der Zuhörer/ Zuschauer.
Ort: Wo wird präsentiert?	× **Klassenzimmer:** vertrauter Rahmen, evtl. vom Platz her eingeschränkte Möglichkeiten. × **Aula**, z.B. beim Schulfest, größerer Rahmen, evtl. mehr Platz, aber größere Distanz zum Publikum. ▪ Besondere Anforderungen an die **Lautstärke** und die **Visualisierungen**, die für alle gut erkennbar sein müssen.
Zeit: Wie viel Zeit ist vorgesehen?	× **Auswahl der Informationen** und damit die Strukturierung müssen gut überlegt werden. × Sorgfältig zu prüfen ist der zeitlich oft aufwändige Einsatz verschiedener **Medien**.
Ablauf: In welchen Rahmen ist die Präsentation eingefügt?	× **Rahmenprogramm:** Wenn z.B. mehrere Kurzpräsentationen aufeinander folgen, sollte auf **abwechslungsreiche Gestaltung** geachtet werden.

Medien/Technik:	× **Technische Voraussetzungen**
Welche Medien und technischen Hilfsmittel stehen zur Verfügung?	abklären, z.B. OHP, PC und Beamer, DVD-Player, Flipchart, Metaplanwand.
	× Medien vorher **ausprobieren**.
	× Für **kompetente Hilfe** bei Problemen mit der Technik sorgen.

Präsentationsformen auswählen

Es gibt eine Vielzahl von Präsentationsformen. Hier soll nur eine Auswahl in möglichst kurzer und knapper Form vorgestellt werden. Viele weitere hilfreiche Tipps und Beispiele finden Sie in der Literatur.
Besonders abwechslungsreich sind Teampräsentationen, bei denen verschiedene Formen kombiniert werden können.

Wenn Ihre Schüler schon Erfahrungen mit Präsentationen haben, können Sie sie weitgehend selbstständig arbeiten lassen, denn sie haben oft sehr pfiffige, kreative Ideen.

1. Vortrag mit Visualisierung
Eine Möglichkeit Informationen kompakt wiederzugeben, ist der Vortrag, der ohne großen Aufwand überall einsetzbar ist.

Merkmale:
→ Klare und übersichtliche Struktur
→ Kurze und knappe Sätze
→ Möglichst frei gesprochen
→ Kurze Zusammenfassungen

Um die Zuhörer auf verschiedenen Kanälen anzusprechen, wird der Vortrag visualisiert. Dafür stehen unterschiedliche Medien zur Verfügung wie die Tafel oder das Flipchart für Kurztexte, Zeichnungen und Schaubilder, der Overheadprojektor und der PC mit Beamer für Folien mit Bildern, Texten, Diagrammen, Videorecorder und DVD-Player für Filme, die Pinnwand für Plakate und Metaplankärtchen. Manchmal stehen sogar Modelle oder andere Anschauungsobjekte zur Verfügung, um nur eine Auswahl zu nennen.

Da bei Folien und Plakaten häufig wichtige Gestaltungskriterien außer Acht gelassen werden, wird im Folgenden kurz dargestellt, was zu beachten ist.

1.1 OHP-Folien

Ein Overheadprojektor steht in den meisten Klassenzimmern und Seminarräumen zur Verfügung.

Bei der Gestaltung von Folien sind folgende Regeln zu beachten:

Schreibweise
- × Beschränkung auf eine Schriftart in Groß- und Kleinbuchstaben in einer Höhe von 5 mm bei bis zu 10 m Abstand von den Teilnehmern
- × Hervorhebungen entweder **andersfarbig** oder <u>unterstrichen</u>

Gestaltung
- × pro Folie nur ein Thema mit max. 7 Informationen
- × Kurzsätze oder Stichwörter
- × erkennbare Struktur durch Hervorheben der Überschrift, Spiegelstriche etc.
- × sparsamer und systematischer Einsatz von Farben
- × Bild oder Grafik zur Verdeutlichung

Präsentation
- × nicht alle Informationen auf einmal, sondern Teile abdecken (Hilfe: Kopie der Folie dazu nutzen)
- × Stift oder Zeiger für die aktuell besprochene Stelle

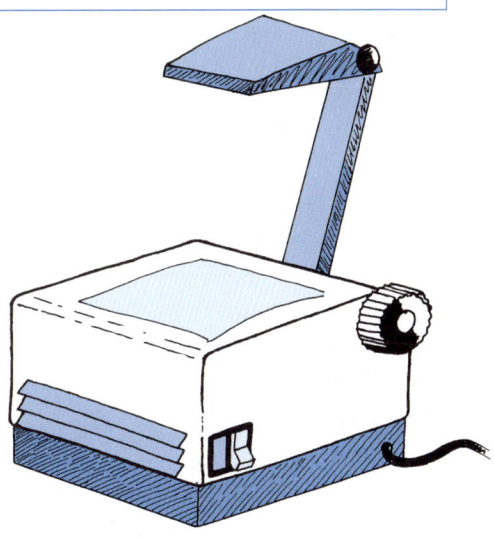

1.2 Powerpoint-Folien

Oft stehen Beamer für Powerpoint-Präsentationen zur
Verfügung. Dafür gelten zum Teil die gleichen Hinweise
wie für Overhead-Folien, allerdings sind darüber hinaus
weitere Punkte zu bedenken.

Gestaltung:

× Textfolien mit max. sieben Zeilen bzw. max. sieben Informationen pro
  Folie
× Beschränkung auf Kurzsätze oder Stichwörter
× Einheitlichkeit der Formulierung: entweder Substantivierungen
  oder Verben
× für alle Folien weitgehend gleicher Hintergrund und sparsame
  Animation
× Bilder, Tabellen usw. zur Veranschaulichung
× bei längeren Vorträgen: Begrüßungs-, Übersichts- und Abschlussfolie

---

Schrift:

× Schriften ohne Serifen
× durchgängig eine Schriftart
× Schriftgröße: Überschriften ca. 44, Unterpunkte mindestens 20 PT
× einmal gewählte Schriftgrößen beibehalten

TIPP Weniger ist mehr – das gilt für die Anzahl wie für die Gestaltung
der Folien![53]

---

[53] *Klein, Kerstin: So erklär' ich das! S. 99*

1.3 Plakatgestaltung

Wenn ein Vortrag durch ein oder mehrere Plakate visualisiert werden soll, müssen die Schüler beachten, dass die **Bilder und die Schrift groß genug** sind, um von allen Zuschauern erkannt bzw. gelesen werden zu können.

Die folgenden Regeln sind für **Anfänger** zusammengestellt.

Plakat

Tipps für die Gestaltung

- Groß- und Kleinbuchstaben in Druckschrift
- Schrifthöhe mindestens 3 cm
- Überschrift hervorheben
- Stichworte schreiben
- Bilder einsetzen zum besseren Verständnis
- Mit Farben zeigen, was zusammen gehört
- Bilder und Texte mit Pfeilen verbinden

Diese Regeln können durch weitere Vorgaben ergänzt werden, z.B.
→ Schriftblöcke mit höchstens 3 Zeilen,
→ Gliederung: Schwerpunkte werden deutlich,
→ Farben sparsam und systematisch verwenden.[54]

1.4 Vortrag mit Metaplankarten

Präsentationen mit Metaplankarten sind eine **Methode für Fortgeschrittene**, die damit die Struktur ihres Vortrags entwickeln können. Die Karten sind im Bürobedarf oder im Versand zu erwerben, sie lassen sich auch ohne großen Aufwand selbst herstellen: Ein DIN-A4-Bogen ergibt drei Karten mit ca. 9,5 x 20 cm. Beim Einsatz sind sie bereits beschriftet (ganz wichtig: Schrifthöhe mind. 3 cm bis zu einem Abstand von 5 m). Sie können mit Magneten oder Klebestreifen an die Tafel oder mit Nadeln an die Pinnwand geheftet werden.

---

[54] Weitere Tipps in: Klein, Kerstin: So erklär' ich das! S. 105 ff.

Für die Präsentation gibt es verschiedene Techniken:

Die Karten
→ werden nacheinander in der vorgesehenen Reihenfolge aufgehängt,
→ sind bereits umgedreht angebracht und werden nach und nach aufgedeckt,
→ sind in einer Tasche, werden herausgezogen und angepinnt,
→ werden durch andere Karten abgedeckt, die im Verlauf der Präsentation entfernt werden.

Ähnlich wie beim Plakat gilt auch hier, dass stichwortartig geschrieben wird. Ebenso sollten die Farben die Struktur bzw. Zusammengehörigkeit verdeutlichen. Mit Pfeilen können Verbindungen aufgezeigt werden.

 Oft machen Schüler den Fehler, dass sie die Karten anpinnen und dabei schon sprechen. Weisen Sie sie darauf hin, dass sie sich nach dem Anpinnen umdrehen, bevor sie anfangen zu reden. Bei einer Teampräsentation kann ein Schüler vortragen, und sein Teampartner pinnt die Karten an.

2. Interaktive Präsentationsformen

Das Interagieren von zwei oder mehreren Personen kann eine Präsentation beleben, muss allerdings besonders sorgfältig vorbereitet werden.

2.1 Dialog

Eine abwechslungsreiche Form der Präsentation ist der Dialog. Die Schüler haben sich inhaltlich gründlich auf ihr Thema vorbereitet und präsentieren ihre Informationen in einem Zwiegespräch.

Beschreibung:
Wichtig ist die klare und überschaubare Struktur des Dialogs. Nach der Einführung in das Thema werden die Schwerpunkte erörtert.
Zum Schluss kann das Wichtigste noch einmal zusammengefasst werden.
Man unterscheidet zwei Varianten. Bei der ersten sind die Dialogpartner gleichberechtigt, d.h. sie unterhalten sich über das Thema. Bei der zweiten gibt einer die Struktur des Dialogs vor, indem er Fragen, Anregungen und Einwände formuliert, auf die die andere Person ausführlich eingeht.

Anmerkungen:

→ Wichtiger Bestandteil ist das Eingehen auf die Gedanken und Einwände des Partners.

→ Dem Einprägen dienen Wiederholungen, Ergänzungen und gestische Unterstreichungen.

> Die abschließende Reflexion ihres Projekts präsentierten zwei Schüler in Form eines Dialogs:
>
> **Jan:** Wie fandest du denn unser Projekt? Das war doch viel harte Arbeit, oder?
> **Lisa:** Ja, da hast du schon recht, und es war auch sehr zeitaufwändig.
> **Jan:** Es gab am Anfang viele Probleme, denn viele wussten nicht, wie man auf die Kunden zugeht, denen wir das Kochbuch verkaufen wollten, und wie man richtig präsentiert.
> **Lisa:** Ja, das stimmt, und manche hatten auch Angst, dass sie bei den Kunden auf Ablehnung stoßen würden. Außerdem hatten wir ziemlich viel Zeitdruck.
> **Jan:** Aber insgesamt war es doch ein Jahr mit vielen tollen Erfahrungen.
> **Lisa:** Das fand ich auch. Wir haben viel Interessantes miteinander erlebt.

2.2 Szenische Präsentation

Eine **anspruchsvolle und spannende Form** der Präsentation ist die szenische Präsentation.

Beschreibung:

Eine Gruppe von mehreren Schülern hat sich inhaltlich gründlich auf ihr Thema vorbereitet. Die Mitglieder präsentieren ihre Informationen, indem zwei von ihnen als Paar in einem Zwiegespräch den Raum betreten und sich gut vernehmlich über die Einleitung zu diesem Thema unterhalten. Die übrigen Gruppenmitglieder sind unter den Zuhörern verteilt. Auf bestimmte Stichworte des Paares hin (die von ihnen auf einem Spruchband, auf einer Tafel oder durch einen Gegenstand visualisiert werden können) steht einer aus der Gruppe, der unter den Zuschauern sitzt, auf und ergänzt durch seine Informationen das Gespräch. Anschließend können andere

Gruppenmitglieder zu Wort kommen. Die Leitung liegt bei dem Paar, das begonnen hat.

Anmerkungen:
→ Die Inszenierung muss gut aufeinander abgestimmt sein.
→ Auch Gegenstände oder Begriffe, die bei dem Thema eine Rolle spielen, können durch die Mitspielenden im Publikum personifiziert werden.
→ Wichtig für das Einprägen sind Wiederholungen, Ergänzungen und gestische Unterstreichungen.[55]

3. Weitere Beispiele für Präsentationsformen
Hier einige weitere Anregungen:
Rollenspiel, Ausstellung, Nachrichtensendung, Feature, Talkshow, Theaterstück, Podiumsdiskussion ...

7 wichtige Regeln für Präsentationen

1. „Der Anfang prägt." – Beginne deine Präsentation mit einleitenden Worten, und stelle vor, auf was du eingehen wirst.
2. Sprich laut und deutlich.
3. Nimm Blickkontakt zu den Zuhörern auf.
4. Sprich „frei" (Stichwortzettel), und drücke dich verständlich aus.
5. Beachte, dass deine Plakate und Folien von allen gelesen werden können.
6. Gib deinen Zuhörern/Zuschauern Zeit zum Aufnehmen der Materialien.
7. „Das Ende haftet." – Beende deine Präsentation mit einem passenden Schlusssatz.

---

[55] *Klein, Kerstin: So erklär' ich das! S. 102*

4. Im Team präsentieren

Da im Projekt in der Regel in Teams gearbeitet wird, sollten die Schüler das Ergebnis zum Abschluss des Projektes auch als Teampräsentation vorstellen. Diese Form ist anspruchsvoller als die Präsentation einzelner Schüler, denn sie muss vorher genau geplant und eingeübt werden. Als Grundlage für diese Abschlusspräsentation kann die Dokumentation dienen oder die Projekt-mappe, in der alle wichtigen Unterlagen gesammelt wurden.

Bewertungskriterien

Die Kriterien können von Ihnen vorgegeben oder mit den Schülern gemeinsam erarbeitet werden. Auf jeden Fall müssen sie ihnen vor Beginn ihrer Vorbereitungen bekannt sein. Auch hier steht Ihnen auf der CD eine Vorlage für beide Anspruchsniveaus, A und B, zur Verfügung („Bewertung der Teampräsentation", A/B).

Für die Teampräsentation gelten auch die Kriterien, die bei Einzelpräsentati-onen angelegt werden. Allerdings kommen weitere hinzu, denn ein gutes Team wird zeigen, wie die Interaktion in einer Gruppe funktionieren kann.

Auch hier ist eine Abstufung nach den beiden Niveaustufen möglich. Die Anzahl der Kriterien ist bei der Niveaustufe A geringer, bei der Niveaustufe B kommen weitere Kriterien hinzu. Beide Bögen auf der CD bewerten die fachliche, die methodische, die soziale und die personale Kompetenz.

Die vier Bereiche sind bei den Bögen gleich gewichtet. Auch hier ist es natürlich jeder-zeit möglich, andere Gewichtungen vorzu-nehmen.

Gruppenpräsentation mit Pinnwänden

Teampräsentation vorbereiten

Die Teampräsentation erfordert eine **gut durchdachte Planung und Abstimmung** innerhalb der Gruppe. Jedes Teammitglied übernimmt einen Schwerpunkt, der mit den anderen Schwerpunkten verknüpft werden muss, damit ein gemeinsames Ganzes entsteht.

Festlegung der inhaltlichen Schwerpunkte und Verteilung auf die Gruppenmitglieder

Nach Abklärung der Rahmenbedingungen überlegen die Gruppenmitglieder in Form eines Brainstormings, welche Inhalte sie in ihrer Präsentation vorstellen möchten, und strukturieren sie, z.B. in Form einer Mindmap®. Anschließend wird in der Gruppe diskutiert, wer welchen Teil übernimmt. Dabei muss darauf geachtet werden, dass die Anteile möglichst gleichmäßig verteilt sind.

Ausarbeitung der Einzelbeiträge

Jedes Gruppenmitglied bearbeitet zunächst den **eigenen Schwerpunkt** und erstellt bei umfangreicheren Arbeiten dazu eine Gliederung. Wichtige Stichwörter werden als Gedächtnisstütze auf Kärtchen geschrieben, denn der Vortrag soll weitgehend frei gehalten werden. Außerdem überlegt sich erst einmal jedes Gruppenmitglied für sich eine geeignete Präsentationsform, die seiner Art und Begabung am meisten entspricht.

Koordination der Einzelbeiträge

Nach den Vorarbeiten der einzelnen Gruppenmitglieder wird die **Abstimmung im Team** vorgenommen. Die einzelnen Beiträge werden in der Gruppe durchgesprochen und auf ihren Umfang hin überprüft. Außerdem werden die Präsentationsformen diskutiert und ausgewählt.

Teampräsentation vorbereiten

Um eure Beiträge gut zu aufeinander abzustimmen, solltet ihr euch mit folgenden Überlegungen beschäftigen:

- Wird die Gruppenpräsentation von einem Gruppenmitglied moderiert?
- Wer übernimmt die Einleitung, begrüßt und stellt das Team vor?

- 🌀 Wer gibt eine Übersicht über den geplanten Verlauf?
- 🌀 Wie wird aufeinander Bezug genommen bzw. zum nächsten Beitrag übergeleitet?
- 🌀 Wer übernimmt die Zusammenfassung und den Abschluss?

Vielleicht könnt ihr die Stärken der einzelnen Teammitglieder bei der Verteilung berücksichtigen, auch beim Einsatz der Medien und Präsentationsformen.

Teampräsentation einüben

Nachdem die verschiedenen Fragen geklärt wurden, werden die entsprechenden Texte und Überleitungen formuliert. Die Präsentation sollte mehrmals durchgespielt werden, wenn möglich auch vor Eltern oder Mitschülern. Ein Feedback von Außenstehenden kann deutlich machen, ob der Aufbau nachvollziehbar ist, die Inhalte verständlich sind und die Präsentation abwechslungsreich gestaltet ist.

Die Schüler sollten unbedingt mit der Stoppuhr üben, damit die zur Verfügung stehende Zeit genutzt, aber nicht überzogen wird.

5. Bewertung durchführen

Für die Dokumentation, das Portfolio und die Teampräsentation wurden die Bewertungsmöglichkeiten bereits vorgestellt. Ergänzt werden hier Hinweise auf die Bewertung des Arbeitsprozesses und die Selbst- und Fremdbewertung durch Schüler.

Bewertung des Arbeitsprozesses

Bereits im Kapitel „Planung" haben Sie den Hinweis bekommen, dass Sie sich möglichst frühzeitig einen Beobachtungsbogen für jede Gruppe anlegen und die Bewertungskriterien eintragen sollten, da Sie vor allem in der

Durchführungsphase die Arbeit in den **Projektgruppen beobachten** und sich entsprechende **Notizen** machen können.

Die Bewertung des Arbeitsprozesses ist wichtig, weil Sie damit auf die Förderung von Schlüsselkompetenzen achten können. Im Arbeitsprozess kommen Kompetenzen zum Tragen, die in der Schule sonst eine geringere Rolle spielen, obwohl sie eine große Bedeutung für die Entwicklung der Handlungskompetenz haben.

Diese Art der Bewertung ist allerdings **nicht einfach**, vor allem, wenn Sie nicht im Team arbeiten können. Deshalb müssen Sie die **Beobachtungskriterien sorgfältig zusammenstellen**. Zum einen müssen es Kriterien sein, die Sie auch wirklich beobachten können, zum anderen müssen Sie darauf achten, dass Sie die Arbeit in den Gruppen auch in ausreichendem Umfang beobachten können. Deshalb sollten Sie die Anzahl der Kriterien vor allem bei kleinen Projekten lieber gering ansetzen, dafür die Beobachtungsintensität erhöhen.

Auf der CD befinden sich Beobachtungs- und Bewertungsbogen für das **Anspruchsniveau A und B** (Vorlagen: „Bewertung des Arbeitsprozesses", A/B).

Bewertung durch Schüler

Bereits jüngere Schüler können Sie an der Bewertung beteiligen. Vielleicht haben die Schüler schon bei der Auswahl der Kriterien und ihrer Gewichtung mitwirken können. Dadurch wird ihnen der **Bewertungsprozess transparenter,** und sie lernen, sich selbst und ihre Mitschüler mit den Stärken und Schwächen **realistisch einzuschätzen**.

Bewertung der Präsentationen
Sie können die Schüler z.B. bei der Bewertung der Präsentationen beteiligen. In einem ersten Schritt können sie anhand der Kriterienbögen **Plakate oder Folien bewerten** und in den Projektteams Punkte für die Gestaltung verteilen. Schülern, die schon Erfahrung mit dieser Art von Bewertung haben, können Sie auch die **Bewertungsbögen für die Teampräsentationen** (A + B, siehe CD) ausgeben. Die Bewertungen können anschließend in der Gesamtgruppe diskutiert und mit Ihrem Ergebnis verglichen werden.

Bewertung des Arbeitsprozesses

Bevor Sie die Noten endgültig festlegen, können Sie die Schüler mit entsprechenden Bögen auch an der Bewertung des Arbeitsprozesses beteiligen. Zuerst erhält jeder Schüler einen **Selbst- und Fremdbewertungsbogen**, in den er die vorher vereinbarten Bewertungskriterien einträgt. Dieser Bogen wird von jedem Schüler in Einzelarbeit ausgefüllt. Er bewertet zuerst sich selbst und dann die Mitglieder seines Projektteams. Anschließend setzen sich die Projektteams zusammen und einigen sich auf eine gemeinsame Bewertung aller Gruppenmitglieder, die sie dann in den **Gruppenbewertungsbogen** eintragen.

Schüler müssen diese Art der Bewertung in verschiedenen Unterrichtssituationen erst lernen. Nicht alle sind sofort in der Lage, angemessene Selbst- und Fremdbewertungen abzugeben. Das kann ein schwieriger Prozess sein, bei dem es intensive Diskussionen gibt. Es gibt allerdings auch Gruppen, die die Bögen sehr schnell abhaken.
Allerdings sind die Schüler nach einem gewissen Training zu angemessenen Bewertungen in der Lage, was eine Hilfe für ihre Berufsorientierung sein kann.

Die **Selbst- und Fremdbewertungsbögen** auf der CD („Selbst- und Fremdbewertung" A/B; „Gruppenbewertung" A/B) enthalten die Kriterien der Beoachtungs- und Bewertungsbögen entsprechend den beiden Niveaustufen.

Das Einbeziehen der Schülerbewertungen zu einem bestimmten Prozentsatz ist nach den Notenverordnungen meist nicht möglich. Sie können diese Bewertungen nur als **Korrektiv für die eigenen Beobachtungen** verwenden, was durchaus sinnvoll ist. Gerade die Arbeit in Projekten läuft vor allem in der Durchführungsphase häufig außerhalb der Schule, sodass Sie die Arbeit der Projektteams nicht immer beobachten können. Deshalb sollten Sie sich in jedem Fall mit den Bewertungen der Schüler auseinandersetzen. Allerdings muss Ihnen bewusst sein, dass in manchen Fällen Vorsicht geboten ist, weil z.B. die **Außenseiterstellung** einzelner Schüler zu negativen Wertungen durch die Gruppe führen kann, die von der Leistung her nicht angemessen sind.

Abschluss der Bewertung

Nach Rücksprache mit den Projektteams und dem Vergleich der Selbst- und Fremdbewertungen mit den Ergebnissen Ihres Beobachtungsbogens können Sie die endgültigen Leistungen in den Bewertungsbogen eintragen, der zu Beginn dieses Kapitels vorgestellt wurde (siehe CD, „Bewertungsbogen für die Projektarbeit" A/B).

Ausgefüllter Bewertungsbogen der Niveaustufe A:

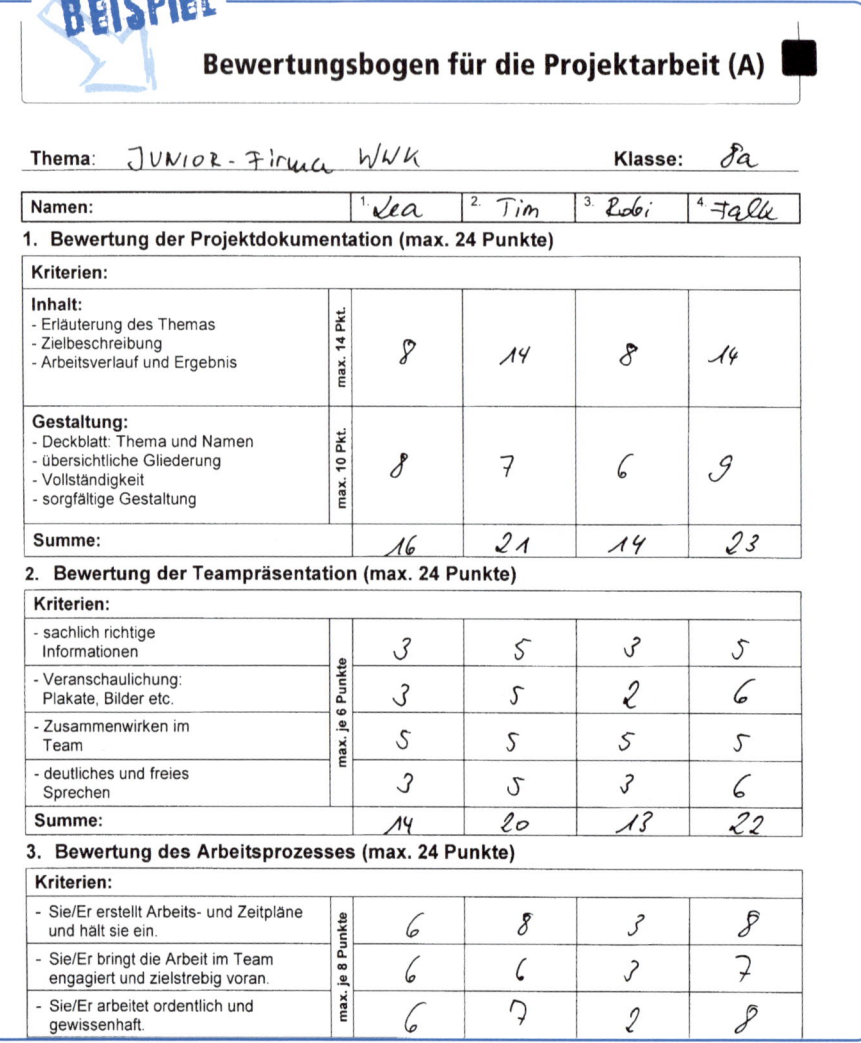

BEISPIEL

Bewertungsbogen für die Projektarbeit (A) ■

Thema: JUNIOR-Firma WWK   Klasse: 8a

Namen:		1. Lea	2. Tim	3. Robi	4. Falk

1. Bewertung der Projektdokumentation (max. 24 Punkte)

Kriterien:					
Inhalt: - Erläuterung des Themas - Zielbeschreibung - Arbeitsverlauf und Ergebnis	max. 14 Pkt.	8	14	8	14
Gestaltung: - Deckblatt: Thema und Namen - übersichtliche Gliederung - Vollständigkeit - sorgfältige Gestaltung	max. 10 Pkt.	8	7	6	9
Summe:		16	21	14	23

2. Bewertung der Teampräsentation (max. 24 Punkte)

Kriterien:					
- sachlich richtige Informationen	max. je 6 Punkte	3	5	3	5
- Veranschaulichung: Plakate, Bilder etc.		3	5	2	6
- Zusammenwirken im Team		5	5	5	5
- deutliches und freies Sprechen		3	5	3	6
Summe:		14	20	13	22

3. Bewertung des Arbeitsprozesses (max. 24 Punkte)

Kriterien:					
- Sie/Er erstellt Arbeits- und Zeitpläne und hält sie ein.	max. je 8 Punkte	6	8	3	8
- Sie/Er bringt die Arbeit im Team engagiert und zielstrebig voran.		6	6	3	7
- Sie/Er arbeitet ordentlich und gewissenhaft.		6	7	2	8

Sie können jedem Schüler diesen Bogen auch für seine Unterlagen geben, sodass er detailliert erkennen kann, wie seine Leistungen in den verschiedenen Bereichen bewertet wurden.

Testat
Der Bewertungsbogen dient Ihnen als Grundlage für die verbale Beschreibung, z.B. für ein Testat. Sie können es mit dem Schullogo und einer kurzen Beschreibung des Projekts versehen und ansprechend gestalten.

BEISPIEL

Lea Müller

nahm im Schuljahr 07/08 an dem Projekt der Klasse 9b teil:

JUNIOR-Firma „World Wide Kitchen"

Schülerinnen und Schüler gründeten in Zusammenarbeit mit dem Institut der Deutschen Wirtschaft in Köln eine JUNIOR-Firma und produzierten ein Kochbuch. Durch den Verkauf von Anteilsscheinen erwarben sie ihr Startkapital.

Die Firma wurde vom Vorstandsvorsitzenden geleitet und war in verschiedene Abteilungen untergliedert. Die Mitarbeiter erhielten Lohn für die geleistete Arbeit. Lohnsteuer und Sozialversicherungsbeiträge wurden an JUNIOR abgeführt.

Mit dem Verkauf des Kochbuchs hatte die Firma Gewinn erwirtschaftet, sodass den Anteilseignern zusätzlich zum Grundkapital eine Dividende ausgezahlt werden konnte.

Leas Dokumentation war sorgfältig gestaltet, übersichtlich und weitgehend vollständig. Thema, Arbeitsverlauf und Ergebnis hätten allerdings ausführlicher erläutert werden müssen. Außerdem müsste die Zielbeschreibung ergänzt werden.

Das Zusammenwirken bei der Teampräsentation war gut gelungen. Es bereitete Lea allerdings Schwierigkeiten, ihren Schwerpunkt klar und anschaulich vorzustellen und deutlich und frei zu sprechen.

Bei der Arbeit in ihrem Projektteam war sie engagiert und brachte die Arbeit meist zielstrebig voran. Sie arbeitete ordentlich und gewissenhaft und hielt die Planungen weitgehend ein.

Note: befriedigend (3,0)

K. Klein   **22.07.2008**
_____   _____
Projektleitung   Datum

6. Prozess und Ergebnis evaluieren

Bei der Evaluation eines Projektes geht es im Wesentlichen um die Beurteilung des gesamten Projektverlaufs in all seinen Entwicklungsstufen. Evaluation bedeutet, über alle möglichen Aspekte des Projekts und der Zusammenarbeit nachzudenken und sich mit den anderen Projektbeteiligten über Erfahrungen und Erkenntnisse auszutauschen.

Durch die Reflexion des gemeinsamen Prozesses werden Stärken und Schwächen deutlich, die Sie beim nächsten Projekt berücksichtigen können. Auf diese Weise können Sie die Zusammenarbeit nicht nur im nächsten Projekt, sondern auch im sonstigen Unterricht weiter optimieren.

Ihre Schüler haben während der Arbeit im Projekt einen Kompetenzzuwachs erlebt. Sie haben selbstständig gearbeitet, haben immer wieder selbst Verantwortung übernommen, Kontakte zu außerschulischen Einrichtungen geknüpft, engagiert und zielstrebig gearbeitet. Vielleicht ist es möglich, dass dieser Kompetenzzuwachs bei der weiteren Unterrichtsgestaltung zum Tragen kommt, indem Sie auch hier Ihren Schülern mehr Verantwortung übertragen, sie selbstständiger arbeiten lassen und sie in die Entscheidungsprozesse mehr einbinden.

Außerdem kann die Rückmeldung aller Projektbeteiligten für die weitere Arbeit wertvolle Impulse geben. Sie können mit ihnen in einen intensiven Austausch über ihre Erfahrungen und Erkenntnisse treten. Natürlich sind erst einmal die Schüler gefragt, die das Projekt durchlaufen haben, außerdem die Kollegen und die Eltern. Bei manchen Projekten können Sie sich auch Rückmeldung von den Kooperationspartnern z.B. aus der Industrie, dem Handwerk, den Verwaltungen oder den sozialen Einrichtungen holen.

Es geht darum, Bilanz zu ziehen:
→ Wurden die angestrebten Ziele erreicht?
→ Wurden wichtige Kompetenzen vermittelt?
→ Welchen Zugewinn haben die Projekt-Beteiligten erfahren?
→ Was wurde für weitere Projekte dazugelernt?
→ Welcher Nutzen ergibt sich für den sonstigen Unterricht?

Evaluationsmethoden

Es gibt einfache und aufwändige Methoden, um ein Projekt zu evaluieren. Ihr Einsatz steht im Zusammenhang damit, was an Erkenntnissen beabsichtigt ist, d.h. welches Ziel die Evaluation verfolgt. Im Folgenden werden zuerst einfache Methoden vorgestellt, die wenig Aufwand erfordern. Anschließend folgen die aufwändigeren Fragebögen.

Einfache Feedbackmethoden

Bei kleineren Projekten möchten Sie vielleicht lediglich ein Stimmungsbild einholen oder nur wenige Aspekte auswerten. Dafür gibt es einfache Methoden, mit denen die Schüler und auch Sie selbst Rückmeldung geben können.

Schatzkästlein und Mülleimer

Ziel:
Alles Ärgerliche und Unangenehme soll in den Mülleimer, die positiven Erfahrungen sollen in das Schatzkästlein gelegt werden.

Aufgabe:
→ Angenehme und unangenehme Aspekte des gemeinsam Erlebten werden auf Kärtchen festgehalten und in das Schatzkästlein oder den Mülleimer gelegt.
→ Anschließend werden die Inhalte der Behälter getrennt voneinander vorgelesen.
Die Gruppe kann sich darüber unterhalten, wie künftig Müll vermieden bzw. Schätze gesammelt und gehegt werden können.

Reflexion:
Die Auswertung findet in drei Gesprächsrunden statt. Zu jeder Frage erhält jedes Gruppenmitglied ein Kärtchen und notiert darauf seine Antworten. Mögliche Fragen:
→ Was ist schlecht gelaufen?
→ Was hat gut geklappt?
→ Was hat dir am meisten gefallen?
In der Auswertungsrunde sollten die angesprochenen Themen diskutiert werden.[56]

---

[56] *Methode aus: Gilsdorf/Kistner, Kooperative Abenteuerspiele, Band 1 S. 167*

Evaluationsstrahl

Die Beteiligten überlegen sich, nach welchen Kriterien sie das Projekt bewerten wollen. Auf einen großen Papierbogen werden Strahlen in der entsprechenden Zahl eingezeichnet, die Kriterien werden vom Zentrum ausgehend an den äußeren Enden eingetragen.
Mit Klebepunkten oder Kreuzchen werden die Teilbereiche bewertet.
Je weiter die Markierung ans Ende des Strahls gesetzt wird, desto positiver ist die Bewertung. Für differenziertere Bewertungen wird eine Spalte für Anmerkungen ergänzt.[57]

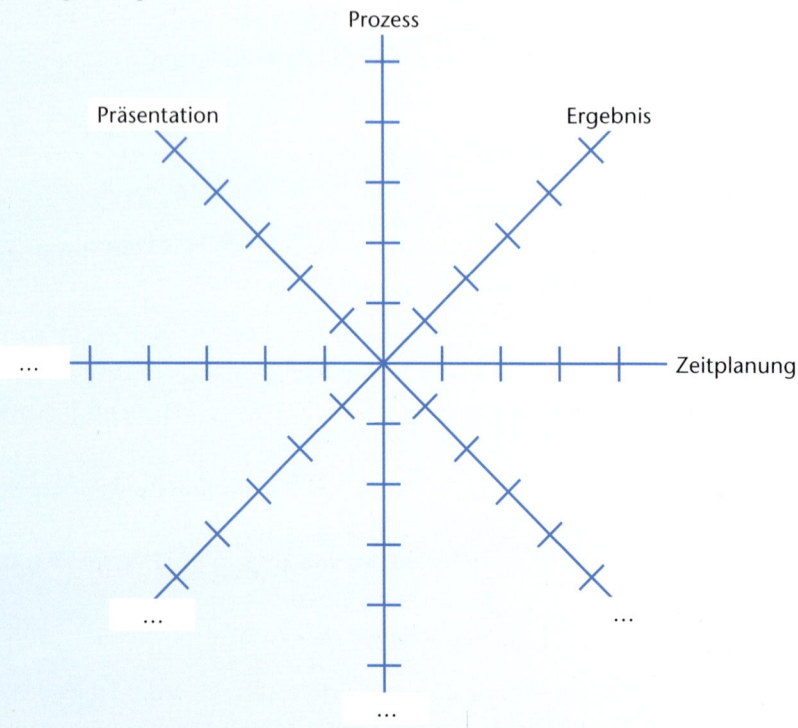

Fragebögen

Ergänzend können Sie Fragebögen einsetzen. Sie können in Ruhe ausgefüllt und ausgewertet werden. Allerdings werden Sie solche Bögen eher bei umfangreichen Projekten einsetzen, weil die Erstellung und die Auswertung sehr zeitaufwändig sind. Dafür bringt diese Form der Rückmeldung natürlich auch **umfassende Informationen und Erkenntnisse.**

---

[57] *Klein, Kerstin: „So erklär ich das!" S. 127*

Schülerfragebogen zur Selbsteinschätzung

 BEISPIEL

Selbsteinschätzungsbogen

Name: _____

Versuche, deine Einstellung und deine Fähigkeiten zu Beginn und nach Abschluss des Projekts richtig einzuschätzen.
Vergeben kannst du zwischen 0 und 4 Punkten. „0" bedeutet: Das stimmt am wenigsten.
Je höher die Punktzahl, desto mehr trifft das Verhalten zu.

	Zu Beginn:	Nach Abschluss:
(1) Ich finde es gut, in einer Gruppe zu arbeiten.	3	4
(2) Projektarbeit finde ich gut.	2	4
(3) Ich traue mich, meine Meinung zu sagen.	1	3
(4) Ich kann zuhören.	4	4
(5) Ich versuche, bei Konflikten zu vermitteln.	1	2
(6) Ich traue mir zu, vor anderen aufzutreten.	2	3
(7) Ich kann im Team arbeiten.	3	3

Das habe ich durch das Projekt dazugelernt:

In einer Gruppe hat man viel mehr Ideen als alleine, Teamwork.
Verantwortung übernehmen, planen und organisieren

Was ich sonst noch sagen möchte:

Ich würde es auf jeden Fall immer wieder machen!
Wir haben uns besser kennen gelernt.

© Verlag an der Ruhr
Postfach 10 22 51 – 45422 Mülheim an der Ruhr
www.verlagruhr.de – ISBN 978-3-8346-0440-8

Lernen mit Projekten – In der Gruppe planen, durchführen, präsentieren

Den Selbsteinschätzungsbogen (siehe CD: „Selbsteinschätzung")
können Sie den Schülern zu Beginn des Projekts ausgeben. Die
Schüler tragen die zutreffende Punktzahl ein und legen den Bogen
in ihre Projektmappe. Zum Ende des Projekts ergänzen sie ihn. So
können Sie feststellen, ob Ihre Schüler nach eigener Einschätzung einen
Kompetenzzuwachs erfahren haben.

Bewertungsbögen für den Arbeitsprozess in den Projektteams

Jedes Projektteam bekommt Bögen entsprechend der Anzahl ihrer Mitglieder
mit der Überschrift „Denke über die Arbeit in eurem Team nach" (Vorlage:
Reflexionsbogen-Teamprozess 1) und einen Bogen für die gemeinsame
Auswertung, der ergänzt werden muss („Denkt über die Arbeit in
eurem Team nach", Vorlage: Reflexionsbogen-Teamprozess 2).
Bei diesem Bogen geht es in erster Linie um die Reflexion des
Arbeitsprozesses im Projektteam.

Zu interessanten Ergebnissen kommen Sie, wenn Sie die Auswertung
nach Jungen und Mädchen getrennt vornehmen und mit den Schülern
thematisieren.

Weitere Fragebögen

Der nebenstehende Fragebogen richtet sich speziell an die Eltern.
Viele erleben die Erfolge, aber auch die Probleme und Konflikte
ihrer Kinder mit. Sie können feststellen, ob ihr Kind einen Kompetenzzuwachs erlebt und engagiert mitgearbeitet hat.
Sie können den Bogen z.B. nach der Projektpräsentation oder bei
einem Elternabend ausgeben und um anschließende Rückgabe bitten.
So bekommen Sie in jedem Fall die meisten Bögen zurück.

Das Beispiel zeigt den ausgefüllten Bogen eines Elternteils eines Schülers
aus der 8. Klasse nach einem umfangreichen Projekt.

Mit ähnlichen Fragebögen können Sie sich auch bei Kooperationspartnern
Rückmeldung holen, wenn eine intensive Zusammenarbeit stattgefunden hat.

Entsprechende Bögen finden Sie auf der CD („Elternfragebogen", „Fragebogen für außerschulische Partner", „Fragebogen für SchülerInnen",
„Fragebogen für LehrerInnen").

 BEISPIEL

Elternfragebogen

☼ Hatten Sie Anteil an den Aktivitäten Ihres Kindes in dem Projekt?

Ja: ⊠   Nein: ○

→ Wenn ja: Durch aktive Unterstützung bei

– Fahrdiensten

– Wagen glätten

☼ Glauben Sie, dass Ihr Kind von der Projektarbeit profitiert hat?

Ja: ⊠   Nein: ○

→ Wenn ja, nennen Sie bitte Beispiele:

Teamfähigkeit, neue Erfahrungen gesammelt,
Verantwortungsbewusstsein, Konfliktfähigkeit

☼ Wie haben Sie den Zeitaufwand Ihres Kindes für das Projekt empfunden?

Zu gering: ○   Angemessen: ⊠   Zu hoch: ○

☼ Hat Ihnen an dem Projektverlauf etwas besonders gut gefallen?

Auseinandersetzung mit dem Thema,
Selbstständigkeit,
wirklichkeitsnahes Lernen

☼ Gab es bei dem Projektverlauf etwas, was Ihnen gar nicht gefallen hat?

Probleme für andere Fächer

☼ Haben Sie einen Verbesserungsvorschlag für die Zukunft?

Klare Information an die Eltern, dass sie
sich zurück halten sollen

☼ Vielleicht möchten Sie noch etwas ergänzen…

In der Schule sollte mehr projektartig gearbeitet
werden!

© Verlag an der Ruhr
Postfach 10 22 51 – 45422 Mülheim an der Ruhr
www.verlagruhr.de – ISBN 978-3-8346-0440-8

Lernen mit Projekten – In der Gruppe planen, durchführen, präsentieren

🔵 Aufgabenverteilung in der Abschlussphase:

Schüleraktivitäten	Lehreraktivitäten
× gemeinsam mit dem Lehrer die Bewertung vorbereiten	× gemeinsam mit den Schülern Bewertung vorbereiten
× Kriterien für Dokumentation/Portfolio mit dem Lehrer festlegen × Dokumentation/Portfolio erstellen	× Kriterien für die Dokumentation mit den Schülern festlegen × Dokumentation bewerten
× Kriterien für die Präsentation mit dem Lehrer festlegen × Präsentationsform auswählen × Rahmenbedingungen klären × Teampräsentation einüben und durchführen	× Kriterien mit den Schülern festlegen × Anregungen für Präsentation geben × Präsentation bewerten
× Selbst- und Fremdbewertung durchführen	× Bewertung durchführen × Selbst- und Fremdbewertung der Schüler einbeziehen × evtl. Testat ausstellen
× Prozess und Ergebnis evaluieren	× Prozess und Ergebnis evaluieren × Evaluation moderieren

TiPP *Überdenken Sie noch einmal, wie viel Eigenverantwortung Sie Ihren Schülern übertragen haben. Können Sie ihnen bei Ihrem nächsten Projekt vielleicht mehr zutrauen?*

Literatur

Apel, Hans-Jürgen; Knoll, Michael:
Aus Projekten lernen.
Grundlegung und Anregungen.
München, 2001.
ISBN 978-3-48603-505-6

Bastian, Johannes; Gudjons, Herbert (Hrsg.):
Das Projektbuch II.
Über die Projektwoche hinaus,
Projektlernen im Fachunterricht.
Hamburg, 2006.
IBSN 978-3-92583-615-2

Bohl, Thorsten: **Prüfen und Bewerten
im offenen Unterricht.**
Neuwied, 2001.
ISBN 978-3-40725-427-6

Bovet, Gislinde; Huwendiek, Volker (Hrsg.):
Leitfaden Schulpraxis. Berlin, 2004.
ISBN 978-3-58923-900-9

Budniak, Johann; Oberreuter, Susanne:
SchülerInnen lernen Präsentieren.
Lichtenau, 2008.
ISBN 978-3-83445-176-7

Bruggmann, Guido:
Einführung in die Projektmethode.
erhältlich auf: www.gute-schule.ch →
schriften → Die Projektmethode im
Unterricht

Deutsche UNESCO-Kommission (Hrsg.):
**Lernfähigkeit: Unser verborgener
Reichtum.**
UNESCO-Bericht zur Bildung für das
21. Jahrhundert. Neuwied, Berlin, 1997.
ISBN 978-3-47202-988-X

Endler, Susanna:
Projektmanagement in der Schule.
Lichtenau, 2002.
ISBN 978-3-89111-693-7

Frey, Karl:
Die Projektmethode.
Der Weg zum bildenden Tun.
Weinheim und Basel, 1998.
ISBN 978-3-4072-546-7

Gardner, Howard:
Abschied vom IQ.
Die Rahmentheorie der vielfachen
Intelligenzen. Stuttgart, 2005.
ISBN 978-3-60893-158-7

Gilsdorf, Rüdiger; Kistner, Günter:
Kooperative Abenteuerspiele.
Band 1 und 2.
Seelze-Velber, 1995 und 2001.
Bd. 1: ISBN 978-3-78005-801-0
Bd. 2: ISBN 978-3-78005-822-5

Green, Norm; Green, Kathy:
**Kooperatives Lernen im Klassenraum
und Kollegium.**
Seelze-Velber, 2005.
ISBN 978-3-780-04937-7

Gudjons, Herbert:
Handlungsorientiert lehren und lernen.
Bad Heilbrunn, 1997.
ISBN 978-3-78150-873-6

*Johnson, David; Johnson, Robert T.;
Johnson-Holubec, Edythe:*
Kooperatives Lernen.
Mülheim an der Ruhr, 2005.
ISBN 978-3-83460-021-9

Klein, Kerstin:
KlassenlehrerIn sein.
Das Handbuch. Strategien, Tipps,
Praxishilfen.
Mülheim an der Ruhr, 2006.
ISBN 978-3-83460-154-4

Klein, Kerstin:
So erklär ich das!
60 Methoden für produktive Arbeit
in der Klasse.
Mülheim an der Ruhr, 2002.
ISBN 978-386072-733-1

Klippert, Heinz:
Teamentwicklung im Klassenraum.
Übungsbausteine für den Unterricht.
Weinheim und Basel, 2002.
ISBN 978-3-40762-536-6

Koch, Jürgen:
Projektwoche(n)-kurz und knackig.
Lichtenau, 2000.
ISBN 978-3-89111-120-8

Kochwusser, Karin u.a.:
Schüler üben Projektarbeit.
Von der Idee zur Präsentation:
kleinschrittig und konkret.
Lichtenau, 2006.
ISBN 978-3-86567-429-6

Lenz, Thomas:
Story Maps. Einführung in das Verständnis thematischer Karten.
Erhard Friedrich Verlag. In: Geographie heute, H. 229, Jg. 26, 2005. S. 11–13

Litke, Hans-Dieter; Kunow, Ilonka:
Projektmanagement.
Einfach! Praktisch!
Freiburg im Breisgau, 2006.
ISBN 978-3-448-07745-2

Mattes, Wolfgang:
Methoden für den Unterricht.
75 kompakte Übersichten für Lehrende und Lernende. Paderborn, 2002.
ISBN 978-3-14023-815-1

Nohl, Florian:
Der Projektunterricht.
Grundlagen, Materialien, Bewertung.
Lichtenau, 2006.
ISBN 978-3-89111-569-5

Phillip, Elmar:
Teamentwicklung in der Schule.
Weinheim und Basel, 1998.
ISBN 978-3-40725-416-0

Realschule Enger:
Lernkompetenz I Bausteine für eigenständiges Lernen (mit CD-Rom).
Berlin, 2007.
ISBN 978-3-589-22571-2

Realschule Enger:
Lernkompetenz II.
Bausteine für eigenständiges Lernen
(mit CD-Rom). Berlin, 2005.
ISBN 978-3-589-22132-5

Realschule Enger:
Band III. Bausteine für kooperatives und kommunikatives Lernen.
Berlin, 2005.
ISBN 978-3-589-22121-9

Sliwka, Anne; Frank, Susanne:
Service Learning.
Verantwortung lernen in Schule und Gemeinde.
Weinheim und Basel, 2004.
ISBN 978-3-40762-518-2

Wiedenhorn, Thomas:
Das Portfolio-Konzept in der Sekundarstufe.
Mülheim an der Ruhr, 2006.
ISBN 978-3-834-60152-0

Internet*

www.methodenpool.uni-koeln.de
Anregungen für den Projektunterricht

www.brandenburgertor.de/downloads/Manual-Lehrer.pdf
Methodenmanual „Lernen in Projekten"
von Anne Sliwka als Download

www.gute-schule.ch
Guido Bruggmanns Einführung in die Projektmethode

www.juniorprojekt.de
Unterstützung von Junior-Firmen

www.theo-prax.de
Vermittlung von Projektthemen für Schüler in Zusammenarbeit mit Betrieben etc.

www.schulprojekte-online.de
Materialien zum Projektmanagement

www0.eduhi.at/projektleitfaden
PROJEKTLEITFADEN zum Herunterladen

www.sowi-online.de
Informationen zu Projektunterricht, Projektstudium, Projektmanagement

www.learn-line.nrw.de/wettbewerbe/
Übersicht über interessante Wettbewerbe für Schulen und Schüler

www.zum.de/Faecher/Materialien/leupold/projekt/histor.htm
Historisches zum Projektunterricht

* Die in diesem Werk angegebenen Internetadressen haben wir geprüft (Stand November 2008). Da sich Internetadressen und deren Inhalte schnell verändern können, ist nicht auszuschließen, dass unter einer Adresse inzwischen ein ganz anderer Inhalt angeboten wird. Wir können daher für die angegebenen Internetseiten keine Verantwortung übernehmen.

Verlag an der Ruhr

Postfach 10 22 51
45422 Mülheim an der Ruhr

Alexanderstraße 54
45472 Mülheim an der Ruhr

Telefon 0208/495 04 900
Fax 0208/495 04 295

bestellung@verlagruhr.de
www.verlagruhr.de

Es gelten die Preise auf unserer Internetseite.

Strategien • Tipps • Praxishilfen